学校の夢

へっぽこ教師からの出発

NEVER SAY NEVER!

イラスト　高向修子

本書を手に取ってくれた方へ

1976年（昭和51年）4月、かわいい3年生の子どもたち34人が私を迎え入れてくれた。まさにへっぽこ教師としてのスタートだった。

教育大学で教育学を学び、教育実習を経験したとはいえ、学級担任としての営みについては知らないことばかりだった。

しかし、子どもたちと格闘していくうちに、喜びが生まれ、希望の灯火を見つけることができた。そしてその灯火は、やがて夢に広がっていった。

夢を持てなかった青年教師が、子どもに教えられ、子どもに育てられながら、保護者に温かく支えられて、夢を持つことができた。そして夢に向かって進んでいくことができた。

本書はその記録だ。

青年教師に、そして教師を目指す若者に、ぜひ読んでいただきたい。

さらに、教育や子育てに関心のある方々にも手に取っていただきたい。

これからの日本社会を作り出していく子どもたちの未来が、少しでも明るいものになっていくことへの願いをここに込めることができているとしたら、それほど嬉しいことはない。

教育大学に

大学入試に失敗し続けて、8校目でようやく入学できたのが北海道教育大学札幌分校だった。★1

高校時代の友人が務めている小さな会社に合格報告に行った時のこと。その会社の女性社長に、

「それはおめでとう！でも、二浪もして入る大学ではないわね」とあっさり言われてしまった。

その通りだと思った。

弟を大学に行かせるために、高卒で働いていた友人は、すでに立派なおとなだった。

社長の去った部屋で、

「気にするな！悪気はないから」

と入学祝いの茶色のカーディガンのプレゼントを渡してくれながら、友人は静かに言った。

生きるエネルギーがほとばしるような男だった。その突き進む力は、私が欲していたものであり、自分もこうなりたいというあこがれでもあった。だからこそ、わざわざ訪ねて行った

のだ。

教育大学合格は、オリンピック選手がよく言う、うれしい金メダルでも、くやしい銀メダルでもないが、ようやく到達できた銅メダルのように、自分としてはホッとしたような心持ちだった。じゅうぶん過ぎるほど…嬉しかった。


二浪もしているのに、勉強にはなかなか集中できなかった。

何のために生きているのだろう?

自分は何のために生まれ、何を目指して生きていくのだろう?

高校の時から、生きる意味を模索し、問い続けて次から次へと本を読んだりしていた。

答えの出ない問いに、それでも悩むことを肯定してくれる言葉を見つけては、人生の意味を問い続けた。

人生がモノトーンに見えて、薄く透けているような精神状態だった。

そんな時に思い出したのが小学校3年生の時のことだ。担任してくれたのは田中宏先生。若い先生で、分け隔てなくかわいがってくれた。私はこの田中先生のおかげで、自分に自信が持てて学校で伸びやかに生活できるようになった。

「そうだ、今はこんなにちっぽけに思える自分でも、田中先生のように子どもに愛と自信を与えられるかもしれない」

こう思って、教育大を受験しようと思い立った。

大きくはないけれど、志は

振り返れば、節目節目ごとに影響を与えてくれた先生方がいる。小さいけれど志は芽生えていた。

教育大に入学すると、すぐに剣道部に入った。

自分の身と将来できるであろう家族を、理不尽な暴力から守るすべだけは身につけたいと思っていたからだ。柔道でも空手でも良かった。高校時代の同期が剣道をやっており、声をかけてくれたのが入部のきっかけとなった。高校では同期なのに大学では先輩だ。

私は剣道が未経験だったので、初心者としての入部だ。手のひらの皮がむけ、足の裏の皮がむける。体は悲鳴を上げているのだが、稽古の時はアドレナリンが出て、必死で食らいついていくことができた。

初めての夏の合宿は強烈だった。朝、昼、夜と3度の稽古がある。その後、『千素振り』があった。１００回ずつの素振りを10回やると、腕がパンパンになる。疲労で堅くなった腕の筋肉を思うように動かすことができなかった。食事の時、箸を口に持っていこうとしても、腕が思うように曲がらず箸が口に届かない。仕方なく右肘をテーブルの端において、箸に口を近づけてようやく食べられるような状態だ。

その合宿の最終日の打ち上げの時、高熱を出してしまった。皮がむけて赤チンだらけの足の裏からばい菌が入ってしまったらしい。40度を超える高熱にうなされながら、４日間ほどの入院となった。

この時私は「剣道部を辞める」と決めた。決めはしたが、先輩が部室に集まって温かく説得してくれた。

「辞めるのはいつでもできる。もうすぐ昇段審査もある。今は辞めるのを止めろ」

「それなら、初段をとってから辞めよう」と思った。

私の「剣道部を辞める」はその後も何度かあったが、その度ごとに先輩が集まってくれて温かく止めてくれた。そして、卒業するまでに三段となることができた。

今振り返ると、剣道部の4年間がなければ、今の私はなかっただろう。

先輩と仲間達に感謝！

高熱でうなされている私を、夜間救急病院に連れて行ってくれた兄にも感謝！

志が灯す火

当時は4年生の5月に教育実習があった。真駒内小学校1年生での実習だ。指導教官は松尾つよし先生だった。★2
型破りの先生で、

「子どもをめちゃくちゃかわいがれ！」と言うのが口癖だった。

お酒が好きで、よくごちそうしてくれた。

「子どもをめちゃくちゃかわいがれ！」と必ず言う。そして、

「ポプラがゆれてる〜♫こどもがいるから〜♫」

と歌い出す。私もよく一緒に歌った。周年行事に松尾先生が作った歌で、全校朝会などで全校の子どもたちが歌う歌だった。

「よし！明日は朝の会が終わったら、子どもを一列に並ばせて、全員抱っこだ！そして、みんなを高い高いしろ！」

次の日は、「高い高い」から授業が始まる。

とにかく楽しかった。あっという間に昼になり、気がつくと夕方だった。

たくさんアルバイトをしてきたが、こんなに速く時が過ぎる経験をしたのは初めてだった。

これまで私が経験したのは肉体労働のアルバイトが多かったが、何度時計を見ても時間が進まない。1日が長くて苦役のように感じるアルバイトが多かった。

ところが、教育実習はどんなアルバイト経験とも違っていた。かわいい子どもたちに囲まれていると楽しかった。幸せだった。あっという間に1日が終わっていく。

「よし！学校の先生になろう！子どもをめちゃくちゃかわいがる学校の先生になろう！」

教育実習が、松尾先生との出会いが、かわいい子どもたちとの出会いが、私を変えた。

小さな志しか持たなかった学生の心に灯火が灯ったのだ。その灯火はその後、希望の光となり、夢に向かう道を照らしてくれた。

へっぽこ教師

志が芽生え、進むべき道が見え始めてはいたが、大学出たての、指導の力量のない、まさに、へっぽこ教師だった。

そのへっぽこ教師が、国語の授業に挑み、算数の授業に挑み、人生を語る授業に挑む。温かい学級づくりに挑み、サッカーを楽しむ子どもづくりに挑み、子どもが幸せになる学校づくりに挑む。

曲がりくねった、牛のように遅い歩みではあったが、確実にその歩みを進めてくることはできたように思う。

「ひっかき傷」のような私の人生の足跡が、共に温かな時を過ごした子どもたちの人生の1ページを彩ることができたとしたら、この上ない喜びだ。天職と信じた教職ゆえの喜びだ。

できないことができるようになる瞬間、子どもは突然輝き始める。

大きな飛躍を成し遂げて、成長の喜びに浸ることができる。そんな時、教師と共に喜び、学級の仲間と共に喜び、家族に報告して家族で喜ぶ。

教師として、子どものその輝きを求め続けてきたが、子どもが輝くたびに自分も教師としての成長を実感することができた。

『子育ては親育て』とはよく言われる言葉だ。まさにその通りで、子育てに奮闘しながら、親も子どもに育てられることが多い。私は、学校で子どもを育てることによって、子どもたちに育ててもらったのだ。

青春時代に問い続けた人生の意味は、ここにあったのではないかと思われるくらい充実していた。


本書は、昭和から平成にかけての、私と私にかかわった人々の、みんなの奮闘の足跡だ。時代がどのように変わっても、大切に守り続けていきたいものについて書き残すことができているとしたら、これほどうれしいことはない。

この本を手に取ってくれた青年教師や、教職を目指す若者、若者ばかりではなく全ての方々の心に、灯火を灯すことができたとしたら、これ以上の喜びはない。

★1　当時の大学入試制度

国公立大学は一期校と二期校の二つのグループに分かれており、一期校で北大を、二期校で教育大を受験した。

★2　松尾つよし先生

当時は学年主任。後に北海道新聞夕刊で『妄言有情』というコラムが人気となる。『100点記念日』などの著作がある。真駒内小学校は2012年3月、閉校になった。

学校の夢　へっぽこ教師からの出発――目次

第五章　人生を語る　算数に挑む……131

第六章　やっぱりコミュニケーション　国語に挑む………153

第九章　大切なこと……265

第十章　教え子たちのその後　宝物……291

第1章

へっぽこ教師　挑む

1 教師としての出発

1976年（昭和51年）4月、私は札幌市の西のはずれにある手稲西小学校に着任した。戦前に手稲鉱山が栄えた頃にできた木造校舎が私を出迎えてくれた。その時受け持ったのは、3年生34名、わんぱく盛りのめんこい子どもたちだった。


そのわんぱく盛りの3年生の男の子たちが私の指導に反旗を翻したことがあった。

「高向先生は、俺たちの言うことを聞いてくれない」

そんな抗議ではなかったか。

元気な男の子どもたちが活躍する陰で、女の子たちが我慢しているように私には思えていた。守ってやらなければならない弱い立場の子どもを守りたい、と考えていた私の指導が、元気な男の子たちからは公平でないと思えたのかもしれない。


血の気が多かった私は、言ってはいけない言葉を発してしまった。

「そんなに言うことが聞けないのなら、帰れ！」

男の子たちは、一瞬ひるんだが、

「お～帰るべ！帰るべ！」と言ってぞろぞろと帰ってしまった。

見事な団結力だった。

率いたリーダーも統率力があり、みごとだった。

教室に残った女の子たちは静まりかえっていたが、こちらも引くに引けない気持ちだった。

30分くらいすると廊下で物音がする。行ってみるとあの男の子たちだった。

「そりゃあ先生も悪いかもしれないけど、子どもが授業の途中に帰ったらよくないよ。学校に戻った方がいい」

地域のお年寄りに説得されたというのだ。


たすかった！

ありがたかった！

私は何度も首になりそうな大失敗を繰り返してきたが、これが最初だ。

先輩から温かくも厳しい説教を食らってしまった。

愛情はあっても指導の力量が無ければ教職は務まらない。私はまだそのことに気づいていなかった。明るく元気ではあった。しかし、考えることが楽しくなるような世界に、授業で子どもを導いていけるような、確かな指導の力量を持っていない〝へっぽこ教師〟だった。

2 まさにへっぽこ

どのくらいへっぽこだったか？

思い出すと、冷や汗が出てくるほどだ。

国語の教材文は、一度範読し、子どもに音読させて、新出漢字の指導をして、後は難しい言葉の説明をすると、やることがなくなってしまう。

教師用指導書を見て、指導展開例を参考に授業をしようとすると、途端に子どもたちは生気を失ってしまう。生気を失い、ボーッとした子どもたちの顔を見ていると、これ以上続けたら子どもが離れて行ってしまう…という思いに駆られて…今でも冷や汗が出てくるほどだ。

そんな時、本で読んだことのあるゲームをしてみた。

半分の子どもが短冊に「○○は」と書く。残り半分の子どもも「○○です。」と短冊に書く。

私は集めた短冊を、カードのようにテンを切って並び替える。そして読み上げる。
○男子は…桜島大根です。
○やかんは…ローマ字です。
○ウサギは…バナナの皮です。
教室は爆笑の渦に包まれる。その後、好きなテーマで作文を書く。子どもたちは想像力を働かせてどんどん書いていった。

ゲームは盛り上がった。

子どもたちは喜んで作文を書いた。

しかし、子どもたちの学力を体系的に向上させる力量を持ってはいなかった。へっぽこ教師であることに変わりはなかった。

こんなことではいけない、と思いつつもなかなか解決の糸口をつかむことはできなかった。

3 初めての家庭訪問

新学期、受け持ちの子どもたちの家を訪ねて回る家庭訪問が始まった。

子どもたち数人に案内してもらいながらの、のどかな家庭訪問だった。地域の様子がわかり、家庭の様子もわかる。しかも案内してくれる子どもたちも、授業中とは違う元気な顔を見せてくれることが多かった。

「その日の最後にして欲しい」という要望の家を訪ねたときのこと。

お母さんとの面談を終えて帰ろうとすると、もうすぐ父親が帰宅するので少しだけ待って欲しいと言われた。きっとお父さんも話しておきたいことがあるのだろうと思っていた。そのうちにお父さんが帰宅し、着替えて現れた。

と同時にビールが出てきた。グラスが2つある。

はじめは断った。きつく断った…つもりだったが、大学出たてのぺーぺーと働き盛りの社会人とでは格が違った。何度かのやりとりの後、

「それでは、一杯だけ」

押し切られるようにして飲んでしまった。勤務時間は過ぎてはいたが…。お父さんの弁舌も爽やかで、話は盛り上がり、２本目のビールが出てきて、３本目になり…、結構な量をごちそうになってしまった。当時、車は運転していなかったが、気持ちよくなった頭で「まずいよな…」となんとなく思っていた。

翌日その話を報告すると、先輩から温かくも厳しい説教を食らってしまった。整理するとまずい点がいくつもあった。

①「あの先生は酒に弱い」

この噂は一気に広まってしまう。

②「ごちそうになった子どもに特別にひいきするのではないか」

この疑いをかけられる。

③「あの家にだけ長くいてじっくり話を聞いたのに、私の家ではたったの○分しかいてくれなかった」

差別と思う人も出てくる。

④どの子どもにも、どの家庭にも、平等に愛情や時間をかけるのが原則。この原則を大きく破っている。

笑顔で説明されると、なんともその通りなので、今後の指針とするしかなかった。

しかし、子どもの状況によって話題に濃淡が出てくることはよくあることなので、時間が多少異なってくることはあった。

さらに、わざわざ用意してくれたお菓子にも、平等原則重視で手をつけずに済ましてしまうことも多かった。今にして思えば、ティッシュなどにくるんで持ち帰れば良かった。そんなことなど、思いもよらないほどのへっぽこ教師だった。好意を無にしないことも大切なことだと、今更ながら思う。


それにしてもあのビールうまかったなあ。そして人生の先輩の語りも良かったなあ。

子どもの家庭に教師が訪問する。ホームの保護者がアウェイの教師を迎える。こちらから見ると完全アウェイだ。

家庭訪問は、親の愛を感じるすばらしい機会だった。

そのたびごとに、「この子を大切にしなければ」と思った。


今、小学校では家庭訪問をしなくなったという。

しても玄関までらしい。

プライバシーを守りたいという保護者側の理由があるようだ。家庭訪問をするだけの時間的余裕が学校側にないという理由もあるらしい。

子どもが育っている生活の場で話をすると、保護者理解も深まったものだけれど、プライバシー保護の名の下に、子どものよりよき成長のための共通理解の場が失われてはいないだろうか。

失敗から学ぶことは大きい。

一般論を超えて、この家庭訪問での失敗は新米のへっぽこ教師を成長させてくれた。

4　苦しむ女の子

初めて担任を持って数日後くらいだったと思う。

図工の時間、机の下に潜って出てこない女の子がいた。

さゆりちゃんだ。

床に腰を落として訳をたずねても、ぐずってしまって要領を得ない。両手の指の爪は極端に短かった。爪噛みによるものと思われた。

そのうちに元気のよい男の子がこう言う。

「先生！その子はそういう子だから、かまわないほうがいいよ」

私に対する親切心で言ってくれたのだろう…と思う…が…。

へっぽこ教師でもできることはないか…。

「そんな冷たいこと言うなよ。きっとつらいんだよ…。何とかしてあげなきゃあ」

それでも結局なんともできずに、家庭に電話して放課後たずねることにした。

下校時、さゆりちゃんと手をつないで歩く道すがら、何とか話をしようとするが話は繋がらない。つないだ手のぬくもりが希望に繋がっていくことを願うしかなかった。


母親は私を迎え入れてくれて、今まで学級の中でうまくいかなかった状況を説明してくれた。子育ての苦悩など、大学出たての若造にわかるはずもなく、だがしかし、希望の光となる灯火だけは灯しておきたかった。

「絶対味方になるから、学校に来てね」

さゆりちゃんと約束して学校に戻るとき、私はこういう子のために学校の先生になったのだ、と思った。

この子が良いことをしたときは、小さなことでも家庭に連絡するようにした。確か電話だったと思う。よい連絡は伝える方も、受け取る方も嬉しいものだ。この連絡が母親の力となっていったのかもしれない。母親が安心すれば、家庭も安定する。電話のたびごとに、お母さんも元気になっていくようだった。

環境が整い、進んでいくことができれば、子どもは自らの力で伸びていける。その力はすごいものだ。

知らず知らずのうちにクラスに馴染んでいき、元気になっていった。「担任が味方してくれている」という想いが力になっていたのだろうか。元々賢く感受性の豊かな子だったので、元気な集団の中では自分を発揮できていなかったのかもしれない。

2学期になる頃には、野球帽をかぶり、自分のことをボクというような活発な子どもになっていった。

かつての小さな灯火は大きな光となった。

さゆりちゃんはうれしかっただろう。仲間も喜んでいた。母親ももちろん喜んでいた。しかし、一番喜んでいたのは、私だったのかもしれない。

へっぽこでも、少しの気づきと愛情をかけることで、子どもが目に見えて成長していくことに、教師としての喜びを感じ始めていた。

この学級の男子は、放課後に群れて野球に興じるような元気な子どもが多く、ギャングエイジのまっただ中で、子どものエネルギーを噴出させていた。

はじめは静かに見えた女の子たちも、徐々にエネルギーが沸き上がり、男女一緒に鬼ごっこや相撲に熱中するようになっていった。

5 乱暴だけど、めんこい男の子

2度目の担任は2年3組、当時としては珍しい27人という少人数だった。新卒で受け持った学級が、転入生が続いて34人から44人まで膨れ上がっていたから、今度は体も小さい子どもたちの教室がガラガラに見える。当時は教員にもゆとりがあったため、休み時間はもちろんのこと、放課後も子どもたちとよく遊んだ。ドッジボール、おにごっこ、S陣取り、雪合戦……ルールを教え、楽しみ方を教えて共に楽しんだ。

——子どもは、未来の国から現代に遊びに来ている——

映画監督の伊丹十三氏が当時のテレビＣＭで語っていた言葉だ。その言葉を実感しながら、子どもたちとよく遊んだ。


そんな中にたくちゃんがいた。

「勉強はできない、落ち着きがない、けんかっ早い……」と言われていた。それなのに、初めての算数のテストで１００点を取った。放課後に採点しながらその子に話しかける。

「たくちゃんすごいね！１００点でしょ。やったあ！」

たくちゃんはうれしそうにニコニコしている。ところが隣の席のあゆみちゃんがこう言った。

「先生！だってたくちゃん、私のテスト見て全部写してるんだもの！」

たくちゃんにたずねると、うれしそうにニコニコしながら
「うん」と言う。

笑顔がめんこい。

ところが、カッとなるとすぐ手が出る。

得意のグーパンチだ。

謝らせようとするが、なかなか謝らない。みんなに嫌がられながらも、隣のお姉さん役のあ

ゆみちゃんに優しくしてもらってニコニコしている。お姉さん役のあゆみちゃんは同じ2年生なのに、人の嫌がることをいとわない献身的な子どもだった。

そんなたくちゃんは縄跳びができなかった。

跳び縄が1回転するのに、パラパラ漫画のページを飛ばして見るようになってしまう。跳び縄を体の後ろから頭上を通して前に回して地面につける。その次に地面にある跳び縄の上を跳び越える。体の後ろになった跳び縄を……。1回跳ぶのに3秒ほどかかってしまっていた。

ところがたくちゃんは縄跳びを頑張りたいと言う。そこから放課後の居残り縄跳びが始まった。

応援の子がたくさんいるとたくちゃんは張り切った。2週間くらいするとずいぶんとスムーズになっていた。毎日15分くらいの居残り練習が続く。3週目くらいだったろうか。

その日は突然やってきた。トン・トン・トン・トン……。一連のリズムで跳んでいるたくちゃんがいた。そこにはうれしそうに喜ぶあゆみちゃんがいた。

〝一点突破、全面展開〟……この言葉がぴったり当てはまるような急激な成長を見せる。たくちゃんは両手の指を使いながらも計算に食らいつき、たどたどしい読みながらも音読に挑み、どんどん成長していった。縄跳びの成功体験が新たな意欲を生み出しているようだった。

得意のグーパンチもなくなっていった。間違って悪いことをしてしまったときには、素直に謝ることもできるようになっていた。

たくちゃんの成長にとって、自分から縄跳びに意欲的に取り組んだことは、もちろん大きいことだった。

しかし、謝ることができるようになったことが、本人の成長と学級の安定にとっては大きな事だった。


私はこの子たちと楽しい1年間を過ごした後に転勤となり、その後の事はわからずじまいだったが、7年後の春、優しいお姉さん役のあゆみちゃんから電話がかかってきた。

「高校受験が終わったので先生の家に遊びに行きたい」と言う。みごと公立高校に合格したとの報告の後、同じ高校にたくちゃんも合格したというのだ。

すごいすごい！

私の家では、遊びに来たみんなで楽しかったあの頃の話や、未来の希望について話が尽きなかった。女房が大鍋でカレーを作ってくれて、カレーライスパーティーは大盛り上がりとなった。

6 飛び跳ねる男の子

教職8年目、私は3年生40人の担任になった。

その中に自閉症のたあちゃんはいた。

いつも右足を軽く曲げ、飛び跳ねながら右手の甲で額をタップしながら、ボーイソプラノで独特のメロディーを響かせる。天使の歌声のようで心地よく、仲間からも好ましく思われていることが伝わってきていた。授業中は、個性的な絵を描き、迷惑にならないほどの心地よい歌声を響かせる。しかし、会話は成立せず、意味のある言葉を投げかけてくることもなかった。

早速家庭訪問をして母親と面談し、わからないことだらけだけど全力で支える旨を伝え、学校でのこと・家庭での様子を伝え合う連絡帳をスタートした。

同時に、自閉症についての知識を得るために書店に行った。

当時の書店には教育書も充実していたので、数冊まとめ買いをして必死に読みあさった。しかし、わからないことがわかることはなく、指導の方針が定まらない。そこで今度は別の書店に行き、数冊まとめ買いをしてくる……。

そのうちようやくわかったことがある。

自閉症については、解明されていないことが多くあるようだった。専門家もよくわかっていないのではないか。わからないことが多いのに、わかったように書くから読み手が混乱してしまう、ということに気がついた。

勇気づけられたのは、自閉症の子どもを持つ母親が書いた子育ての記録で、奮闘しながら事実だけを書いてくれるので、自閉症の子どもの子育ての大変さだけはよく伝わった。ただ、子どもによって出てくる症状が異なるので、私の指導方針に生かせそうなものは見つけることができなかった★3。


職員室にたあちゃんを連れて行ったときのこと。

隣の先生の机上にあった本『世界動物図鑑』を見て「セカイドウブツズカン」と発語した。

周りの先生も驚いたが、私が一番驚いた。

「へえー！たあちゃん漢字が読めるんだ！すごい！すごい！じゃあ、これ読んでみて」

私が言ったときには、素知らぬ顔をして飛び跳ねていた。連絡帳にそのことを書いたら、お母さんは、漢字は読めるけど、気が向いたときしか読んでくれない、というような返事だった。

「まわりのおとなが思っているよりも知的な世界で生きているのではないか」

この時から、そういう思いが私の頭から離れることはなかった。


私は子どもの教育力に期待していた。

元気な子どもは仲間を元気にする。明るい子どもは仲間を明るくする。活動や遊びを通して、たあちゃんにも元気や明るさが伝わっていくのではないかと考えていた。どこかに突破の糸口はないか。さぐる日々が続いた。

ところが、学習活動でも遊びの中でも、仲間が関わろうとすると、おでこをタップしたり飛び跳ねたり、自分の世界に閉じこもっていってしまうように見えた。画用紙に描く怪獣のような独特な鉛筆画は増えていったが、私とのコミュニケーションが増えることはなかった。

近くの学校の養護学級（今の特別支援学級）に視察に行ったが、有効な手立ては見いだすことができなかった。


秋の遠足で手稲山の中腹まで歩いて行ったとき、よほど喉が渇いたのか、

「オチャスイトウ！お茶水筒！」

と私に訴えてくる。休憩を取らずに一気に目的地に行きたかった私が、

「だめだよ」と言っても
「オチャスイトゥ！お茶水筒！」

と必死に訴えてきた。視線が完全に合ったわけではないが、私に言葉を投げかけてきたのだ。

私は、たあちゃんの訴えを認め、休憩と給水の指示を出した。

たあちゃんは水筒のお茶を飲んで落ち着きを取り戻した。しかしその後、私に話しかけることはなかった。


本を読んで自閉症について理解を深め、子どもの教育力を生かすことで一点突破を図った私だったが、具体的な手立てや方針は定まらなかった。

それでも、仲間の子どもたちには、漠然とだがたあちゃんの心持ちが伝わっているようだった。天使のような歌声で右足を軽く曲げ、飛び跳ねながら右手の甲で額をタップしながら、独特のメロディーを響かせていた。

たあちゃんは、保護者の希望で通常学級での学びとなった。

その存在のおかげで、個性的な仲間を包む温かい集団として成長することはできた。しかし、この2年間で、学びや生活力について、大きな成果を上げることはできなかった。悔いとして残っている。

2年後、卒業の時、3・4年の時の担任宛に卒業生が手紙を書いて、文集のように綴じて届けてくれた事がある。その中にたあちゃんの手紙も綴られていた。
卒業担任の熱い心遣いに感謝!

たかむきせんせい
ぼくは○○ちゅうがくこうへ
いきます
がんばる
せんせいへ
せんせいげんきでね
いつかあってね
○○○○△△△

★3 学者が書いた本の中で一つだけ素晴らしいものがあった。
カール・デラカート著『自閉の扉を開く』だ。自閉症というものはよくわからないことが多い、ということも書いてあり、わからないからこそ解決の鍵の仮説を次のように立てていた。

自閉症の人たちは、感覚が鋭すぎる、または鈍すぎるのではないか、という仮説だ。光に過敏あるいは過鈍な子どもは、目の前で手をひらひらさせる。音に過敏なあるいは過鈍な子どもは、耳を澄ますまたは耳を塞ぐ。この本にだけは希望がもてた。実践についても記述があったからだ。しかし、大きな成果の記述にまでは至っていなかった。

7
おねしょで苦しむ子

目のくりくりっとした優しい男の子だった。家庭訪問でお母さんからおねしょのことを打ち明けられた。3年生になってもおねしょが治らないことを心配して、勉強や友達のことよりも気になっているようだった。

ジェンダーの時代にあって、今では否定されるかもしれないが、私は子どもと接するようになってから、次のように考えるようになっていた。

一般的には女の子のほうがしっかりしていて、男の子は幼い感じがする。ドラえもんの登場人物に喩えると、のび太君のように自分のことを一人ではきちんとできない男の子が多い。しずかちゃんはしっかり者の女の子代表だ。できすぎ君のようなしっかり者の男の子もいるにはいるが、圧倒的に少数だ。その事を頭に入れておくと理解しやすい。

ところが母親は、のび太君のような男の子の心持ちが理解できない。自分の子どものおねしょは、理解不能の心配事になってしまう。

〈このままおねしょの治らないひ弱なおとなになっていってしまうのではないか…〉

不安は広がっていくばかりだ。お母さんは困り果てているようだった。

私は、次のようなことを言った。

「大丈夫です。おねしょは必ず治ります。実は、私もおねしょをしていました。小学校中学年くらいまで。眠っている時間、意識のないところでやってしまうのですから、責めてはいけません。やってしまった自分が一番情けないのですから、叱られたらますます心が縮こまってしまいます。一般的に、おねしょは愛情不足が原因の一つではないか、と言われています。お母さん、息子さんをかわいがってやってください。おねしょは必ず治ります★4」

お母さんは、ずいぶん安心したようだ。

目の前の担任の先生が子どもの頃おねしょをしていたという事実。そのおねしょが治って学校の先生になっているという事実に、我が子の将来を悲観する気持ちが少なくなっていったのだと思う。「愛情を注いでいます」という報告が結構続いた。あっくんに笑顔が広がり元気に活躍するようになっていった。

その後あっくんは、家庭の事情で笑顔と共に転校していった。

私のおねしょは、本当に中学年ぐらいまで、たまにではあったけれど…。母親は私がおねしょをしても叱ったことがなかった。感謝している。

『角を矯めて牛を殺す』

このことわざを肝に銘じたい。

牛の曲がった角を無理に矯正しようとして手を加え、牛を死なせてしまう、という意味だ。小さな欠点を直そうとして、かえって全体をダメにしてしまうという喩えで使われる。

おねしょは小さな欠点でしかないのだけれど、親はどうしても心配でいろいろとやってしまう。子どもの自己肯定感まで奪ってしまわないように…。

★４　当時、愛情不足が原因の一つではないか、とよく言われていた。ところが今、この愛情不足説は否定されているようだ。

「夜尿は排尿機構の発達の未熟に基づく機能的な病気」ということが定説のようだ。遺伝的要素もあるらしい。

それにしても、「おねしょは防衛機制の中のひとつ」という主張も捨てがたい。母親に下の赤ちゃんができた4歳の子が、おねしょするようになったなど…、「退行現象」という理論もあるが、どうなのだろう?

8 相撲取りがまわしを忘れて

2校目の勤務校、手稲鉄北小学校にはサッカー少年団があった。

「サッカー少年団の指導の手伝いをしてくれないか」との誘いを受けた。

サッカーは未経験だったので「手伝いだけなら」と引き受けた。すると翌年、指導者6人のうち4人が転勤して2人になってしまい。さらにその翌年、ついに1人になってしまった。

強いチームを引き受け、私の代に弱くしてしまうわけにはいかないので、本やビデオでサッカーのことを学びながらの指導だった。子どもたちはそんな私の指導にも、懸命に練習に取り組んでくれて、そこそこ強くなっていった。

ところが、真面目に練習している子どもでも忘れ物をしてくることがあった。サッカーシューズを忘れる、ストッキングを忘れる……そんな時は必ず、

「相撲取りがまわしを忘れて相撲が取れるか！」

と言って、グラウンドの外10周を命じた。忘れ物をした子どもは、素直に黙々と走っていた。ネチネチと説教するよりも、さっぱりと次に進める良さがあった。

ある日、泊をともなう遠征でバスに乗り込んで宿を出ようとしたとき、宿の人が

「忘れ物です！」

と言いながら傘を持って出てきた。その傘は私の物だった。「相撲取りのまわし」ほどではないけれど、雨の日の試合のベンチに傘は欠かせない。私はバスの中で子どもたちにこう言った。

「忘れ物をしたので、グラウンドの外を10周する」

子どもはおとなの背中を見ている。

厳しく指導するならなおさらだ。

翌日、私の走る姿を子どもたちはニコニコしながら眺めていた。

9 名人芸のような授業

授業の名人はいるものだ。新卒の時の学校にもいた。

6年生国語の授業で、教師が子どもたちに問いかける。するとある子どもが自発的に答える。その答えに続けて、次の子どもがその意見を補強する。何人か続いた後、今度は別な角度から、別の子どもが発言する。別な角度から補強する子どもの発言が続く……。

その間教師は、子どもの意見を黒板にまとめていきながら、

「ああ……」とか、

「いい……」とか、

「おっ……」とかしか言わない。

あまり意味のないア行の羅列なのだが、子どもたちの意見は見事に続いていく。しばらく意見が続いた後、教師から静かな口調で新たな問いかけがある。

教科書を読み直す子、考えている子、中には早速意見をノートに書き始める子もいる。しばらく教室は静かになり、子どもたちは懸命にノートに意見を書いている。そして意見交換が始

まる。教師は指名していないのに、子どもたちの意見発表が続く、続く……。

どうして子どもたちはこんなに意見を発表できるのだろう？

6年生になったらこんなに意見が言えるようになるのだろうか？　いや、そんなわけはない。私の6年生の時を思い返してみても、自然にこのような子どもが育つとは考えられなかった。教師が子どもを指導し、鍛えているのだ。しかも子どもたちは喜びに燃えて。

指名なしで子どもたちが討論していく授業、こんな授業を創る人が身近にいた。

毎日何時間も授業をしつづけても、このような授業ができるようになることはない、という簡単なことが、この頃は理解できていなかった。

「せんせい！もうあきた！勉強やめよう！」

2年生の子どもにそう言われてしまい、万事休した。全校の先生が後方で見守る授業公開でのことだ。

授業の名人との差は歴然としていた。ただ漠然と授業を続けるのではなく、目的を持って、子どもの思考が活性化する方法を求めていかなければ、受け持ちの子どもに申し訳ない。

このときから勉強が始まった。教材分析の方法・子ども理解の方法・授業づくりの方法……当時書店では教育書のコーナーが充実していたので、買いあさってきてはむさぼるように読んだ。読んでは授業に生かし、さらに読んでは……。簡単にはいかなかったが、充実感があった。徐々に子どもたちも自発的に発言し集中するようになっていった。

10 名医の言葉に力をもらって

ある高名な医者が次のように語っていたことがある。

「私は長年医者をやってきましたが、学校の先生という職業に憧れを抱いています。なぜなら、私のところに来る子どもは元気がない。病気になっているのですから当然なのですが、その病気を治す手助けをして、子どもが元気になっていくのを見るととてもうれしい。ところが学校の先生のところには、元気な子どもが集まってくる。中には少し元気を失った子どももいるとは思いますが、ほとんどの子どもたちは元気です。その元気な子どもたちをますます元気にすることができる学校の先生という職業に憧れを抱いているのです」

私の選んだ職業を評価してくれる言葉に出会い、うれしかった。「先生」という、社会的な評価はそれほど高くない職業でも、頑張り続けるエネルギーになった。

それにしても、学校の先生は忙しい。若い頃、印刷用の輪転機をまわしながら、その音のリズムと共に急に脳裏に蘇ってきたこと…「そうだ！トイレに行きたかったんだ！」…次から次へと湧いてくるようにやらなければならないことに追われ、トイレが後回しになっていたことに気づく。

それほど多忙な毎日だった。

どんなに忙しくても、元気な子どもたちはやってくる。

格闘のような日々の中で、子どもの成長を目の当たりにするのがうれしかった。元気のない子どもが元気になっていったり、暗い表情の子どもが明るくなっていったり、作文嫌いだった子どもがいつの間にか面白い文章を書いたりするようになると、うれしくてたまらなかった。

子どもはおとなに元気をくれる存在だ。

私はそんな子どもたちに育てられ、元気になっていくことができた。

こんなに素晴らしい職業はない、と思えるほどだった。

11 元気な転校生でも…うまくいかない

2年生の担任をしているとき、明るく元気な男の子ふっ君が転校してきた。非常に活発で、前の学校ではたくさんの友達がいたという、社交的な子だった。

この子は友達づくりがうまそうだからと、こちらはのんきに構えていた。ところが、だんだん元気がなくなっていく。2週間ほど過ぎた頃、家庭訪問することにした。するとお母さんは大変困ったという表情でこのように言った。

「友達ができずに、寂しい思いをしているのです。よく前の学校の友達に電話しています。毎日です」

ああ、配慮が足りなかった。寂しい思いをさせてすまなかった。

「明日、先生が何とかするから、元気に学校に来てね」

と言って、ふっ君と指切りをした。

次の日、早速気のいいともや君に声をかけてみた。

「ふっ君は、転校してきてから友達ができなくて、寂しい思いをしているようだ。ともや君なら仲良くできると思うんだけど遊びに誘ってくれないか」

　ともや君は温かく受け入れてくれた。

「わかった。任せてよ」

　親の温かい愛に包まれて育つと、優しく思いやりのある子どもになる。だから他の子も優しく包み込むことができる。

　その後の様子を聞くと、互いの家にも行ったり来たりしているようだった。大勢で遊ぶことも多くなり、ふっ君はいつの間にかすーっとなじんでいた。前の学校の友達への電話もめっきり減ったとのことだった。

12

おとなしい女の子に温かな光を

　同じ2年生の担任をしているとき、ゆきちゃんという女の子がいた。おとなしくて、表情に硬さのある子だった。

クラスに馴染めるか心配だったので、早めの対応が必要と考えて家庭訪問をした。

お母さんは多くを語らず、打ち解けるまではいかなかったが、私が担任としてこの子の味方になると伝えて笑顔で訪問を終えた。


学校の先生といえども踏み込めない領域は多い。ただ、温かい父親のように愛情を注ぐことができたらいいと、そんなことを考えていた。ゆきちゃんは利発で活動的だったため、すぐに仲間が増えていった。

給食の時間などにグループに私が入って親父ギャグを言ったりすると、明るく喜んでくれた。休み時間の鬼ごっこの時も笑顔がはじけるようになり、どんどん明るくなっていった。


数十年後にクラス会で再会したとき、明るく話しかけてきてくれた。

「高向先生とあの時出会って私、とても明るくなることができたの。母も暗い、私も暗い。大変だったのよ、あの頃は。ありがとうございます！」

それはそれは幸せそうだった。

元気になっていく様子を見られて、そしてこんなに幸せそうで、こちらの方こそ、ありがとう◊

第2章

作文に挑む

13

毎日作文を書き続けたら…すごいことに①

はじめて5年生の担任をしたとき、毎朝の作文に取り組んだ。

400字詰めの原稿用紙を半分に切ったものに、登校したら書き始める。書くことがないときには「書くことがない。」と書けばいいと促した。書ける子どもは200字では足りなくなり、裏面にびっしりと書き続ける子どももいた。

日常的に文章を綴り続けることの意義は大きい。生活を振り返り、自分を見つめ、心を耕すことができる。

毎日赤ペンでひと言を書き続けることはかなり大変な作業だったが、生徒の様子がわかり、考えていることも伝わってくるので、喜びも大きかった。★5
そんなある日、作文に苦手意識を持っていたまさき君が、家庭学習に『体育館の蛍光灯』というタイトルで長い文章を綴ってきた。

「それは昨日のことだった…。」で始まるこの文章には、人気者のたかや君が陽気に歌を歌いながらジャンプした瞬間、控室の蛍光灯を粉々に割ってしまったことの顛末が書かれていた。蛍光灯のことより人気者のたかや君を心配するみんなを冷静に見つめた文章は見事なものだった。そして最後に感想としてこのように書いてあった。

「僕はこんなに作文を書いたことがないのに、今日は書けた。とてもうれしかった」

句点や読点などの作文の作法は後回しにして、楽しく書くことに力を注いだことに間違いはなかった。それからも子どもたちはたくさん書いて、効果的な表現方法などもどんどん吸収していった。

卒業する頃には、毎朝の作文はかなりの分量となっていた。始めたころにくらべると表現能力もずいぶんと向上していた。

そこで卒業を控えて、自分の『生い立ちの記』に取り組むことになった。

卒業論文だぞー！と格好つけて…。

小さい頃のことは記憶にないこともあるので、親に聞き取り取材をするという、家庭を巻き込んでの大きな取り組みとなった。自分が生まれるときの迎えの救急車のピーポーから書き始める子どもも出てきた。感動の力作揃いだった。４００字詰め原稿用紙30枚から50枚ほどの力作が多かった。最高は100枚を超えた。小学生でも書けるんだなあ。

次に、入学までのほとんどを病院で過ごした、ともや君の父親が書いた卒論の後書きを紹介する。

小学校の卒論とは全くやるものだ。自ら考えようとしない現代っ子には、最大の贈り物となろう。

小学校入学までは、息子に全く記憶がないので、親の一方的な話になってしまったが、子どもの生い立ちについて、親子が一緒に、これほど真剣に考えたことは初めてだ。

自分の過去の真実を見つめることができて、今後生き抜くためにも、大変意義があったと思う。

まもなく中学生だ。中学生の校内暴力が社会問題化してきた。この作文を通じて、人の命の大切さを知り、社会生活のルールを自覚して守る心を養い、非行を克服していける一助になればと願っている。

最後に、この作文中にはあまり登場しなかったが、息子が入院中、父のまずい料理を食べながら鍵っ子生活を強いられ、父が当直の時は一緒に会社に泊まり、会社から通学し、弟の全快を願って一言の文句も言わずに頑張った、四つ年上の姉がいたことを書き添えておく。

1981年3月　父

私は学級通信に次のように書いた。

涙が出てきそうですね。
12年間の子どもの人生があり、その人生を支えてきた家族の生活があります。だから、現在の自分を見つめ直し、過去をよみがえらせていくうえで、必ず家族の人生と関わってくると考えていました。しかし、ここまで深く子どもと人生を考え、素晴らしいものを作り出してくれたことは、驚きでもあり感激しました。
なお、ともや君は二歳の半ばで重い病気にかかり、入学前まで入院していたこと、現在はその遅れを取り戻すために貪欲なまでに頑張っていることを付け加えておきます。

★5　原稿用紙半分の毎朝の作文は、教育実習の時の松尾先生の発案。

14 毎日作文を書き続けたら…すごいことに②

１９８０年、まだ学生がアジ演説をしていた頃。感受性の強い5年生わたる君が、背伸びをして冗談っぽく書いた作文。


「80年代の生活目標と、私たちの暮らしのゆとりと、ぼくたちの青春」

　日本は常に外国から、工業の面でも科学の面でもあらゆる面でも後れをとっている。であるからしてぇ、80年代は、工業の技術と工夫に力を入れる事が大切だ。そして、世界でも指折りの有名な学者を次々と生み出す必要がある。

「少年よ、大志を抱け！」この有名な言葉の持ち主は、今はなきアメリカ人のクラーク博士である。

　悔しいではないか諸君！！あのアメリカ人が日本までできて有名な言葉を残している。

みなのもの立ち上がれ。この小さな日本を大きな住みよい国にしようではないか。
今一番大切なのは、この事である。
僕たちの青春において、まずこの事を成し遂げることが何よりも大切である。

子どもたちはいろいろな作文を書いたが、11歳で到達した境地を、これから展開するであろう青春に絡めてまとめている。生きるエネルギーが突き抜けるようなところのある子どもだった。

その後、日本経済は隆盛期を迎え、〝ジャパン　アズ　ナンバーワン〟と世界からもてはやされる時代を迎える。「東京の土地を買うお金で、アメリカ全土の土地が買える」と言われた時もあった。あの元気なわたる君は、今ごろどうしているだろう。

次はあかねちゃんが5年生の12月に書いた作文。

「引っこし」

一度でも引っ越しをした人はわかると思います。

私の気持ちを…。

私は、引っ越しは小学校に上がって2回目です。だから次の学校……つまり○○小学校は3回目で、鉄北小学校は2回目です。

私は、3度目のつらい気持ちをこれから打ち明けようと思います。

お母さんもお父さんも、あと1週間しかない、と言います。私は何回もたのみました。

一日でいいから、あと一日でいいから伸ばしてくれと、でも、家ができあがったらすぐ引っこす、と言われてしまいました。できたら私は、卒業式を鉄北小学校でやりたいと思います。5年生いっぱいは、いたいと思います。

「鉄北小はプールもスケートリンクもあるし、ぼうけん公園もあるし、すごくいいとこだけどね」

一年生の9月から鉄北小にきて4年間。楽しいことばっかりありました。小さいときは泣かされてばっかりだったけど、楽しかったです。(これから新しい家になるのはいいけど、ついでに、学校もみんなもついてきてくれればいいのに……。)こんなことを考えました。

でも、みんなほんとによくしてくれてありがとう。私は一生忘れません。ちょっと図々しいけど、来年の運動会に行けたら行っていいですか。もし、いいなら絶対行きます。


別れはつらいものだ。

私は学級通信にこのように書いた。


ここでガマンしたのだから、あかねちゃんの花咲山には、きれいな花がいっぱい咲いていることでしょう◊

『花咲山』とは、斎藤隆介文・滝平次郎絵の絵本のこと。

姉が妹の面倒を見て、我慢を１回すると花咲山にきれいな花が一輪咲く……何度も我慢したから、こんなにきれいな花畑ができた……というお話。

この子は芯のある子だったから、転校に際してあまり心配はしていなかったけれど、この作文を読んだときは、私の心に涙の花がいっぱい咲いた◊

15
保護者から励まされて①

担任しているときには、保護者から多くの手紙をいただいた。いくつか紹介する。


大切な本を長いことお借りしていまして、誠に申し訳ありませんでした。『教育ってなんだ』私には難しすぎる本でしたが、いろいろ考えさせられました。それと同時に、高向先生のお考え「皆が発言できる教室づくり」は、とても素晴らしいことと思いました。いつまでも先生のお考えを貫いていって欲しいと思います。

『父よ、母よ』をお読みになりましたか。同じく斎藤茂男編著のものですが、この方が私サイドの本のように思い、感激しました。親が親であることの難しさを痛感させられました。立派な親ではあり得ないけれど、せめて人間の最低のマナーを持ち合わせた人間になりたいものです。

いつ幕が下りるかわからない私の人生の舞台に、涙あり、笑いあり、いろいろな出来事が繰り広げられるでしょう。けれど、幕が下りたときには、子どもたちから〝幸せなおふくろだったな〟と言われたいと思っています。

雪虫が姿を消し、手稲山頂には本物の雪が降りました。どうぞお体には充分にお気をつけなさって、子どもたちへの熱いまなざしをかけ続けてください。


私は次のように返信した。


『父よ、母よ』もいい本でした。

繁栄の影に貧困がしのびよっています。本当の豊かさとは何なのかを考えさせられました。今、子どもたちは扁平にゆがんだ社会の中で、豊かな生を知ろうとしています。

頑張ります。ありがとうございました。うれしかったです。


私も20代で、子どもたちと格闘しながら、もがいていた。

そして、保護者から励まされ、何とか奮闘し続けることができた。

16 保護者から励まされて②

6年生の担任6人で、地域に出かけて〝非行をテーマ〟にした保護者懇談会を開いたことがある。夕方、児童会館の一室をお借りしての50人ほどでの懇談だった。翌日、参加したお母さんから手紙をいただいた。

> 今日ははお忙しいのに、貴重なお時間を、子どもたちのためにありがとうございました。いろいろなことを考えさせられました。
> 帰宅してから、娘の家庭学習ノートを数冊見ました。時には励まし、時には教えてくださりながらの先生の添え書きを見ているうちに、その温かさを知るにつけ、不安になってしまいます。こんなに娘が心を開いているのを見ると、親の私にはあまり話してくれないことがあり、なんだかとても考えさせられます。私の中に、娘を受け入れないものがあるのかな……。そして今、こんなにいろいろ先生が聞いて下っていて、中学校へ行ったとき、この子の心はどこへ行くのかな？中学校の先生が高向先生のよ

うであるはずはないし、今後も先生のように温かい先生にめぐり逢える事もないと思うし、なんだかかわいそうになってしまいます。その時、うまく受け入れられる私である自信はない。

いつも忙しいために、クラスのお母様との話し合いにも出られず、今日のいろいろな話は本当に有意義でした。娘がノートに書いているように、私も先生に何でも聞けるノートが欲しいみたいな気になりました。子どもの心を一番知っているのが親だなんて言いますけど、私なんて50点母かな…なんて反省しきりです。なんだか今日の興奮で書いていますが、あと少しの小学生の期間、子どもがうまく中学生の心になれるよう、どうぞ今後もお力添えを、よろしくお願いいたします。でも難しいですね。先生が、母親や父親の役割を半分以上受け持ってくださっているような気がします。子どもも先生も頑張っているのに、親が頑張らないとダメですね！

また、機会あるごとに良いお話をお聞かせください。

乱筆乱文で…気持ちのままに…日頃の感謝を込めて…。

20代後半の私は、この懇談会でどんな話をしたのか記憶にない。しかも、このお母さんの気持ちを充分に受け止めていたのかと言えば、ずいぶんと心許ない。子育て奮闘中のお母さん、お父さんという人生の先輩方に、上手にほめていただき…のせていただきながら…がむしゃらに突き進んでいたのだろう。

給食準備時間や放課後にも、家庭学習や毎日の作文にひたすらひと言を書き続けた。このひと言が子どもとの交流となり、やがて絆となっていった。もうすぐやって来る卒業という門出を前に、ひと言の交流に保護者の参加を呼びかけた。

このお母さんは、その呼びかけを受けて娘の家庭学習にひと言を書くようになり、母親と娘の絆を強めていった。

17 おばあちゃんに電話で励まされて、そして別れ

初めて受け持った卒業生。

その卒業の日の学級通信に私は次のように書いた。元気あふれるやまと君を温かくも厳しく育てていたおばあちゃんとの別れの言葉を紹介したものだった。

> 別れは、新たな出会いへの出発点です。
> やまと君のおばあちゃんと電話で話をしました。
> ……やまともさみしがっているけど、卒業して先生と別れると思うと、ばあちゃんもさみしくて……
> うれしかったです。僕も胸が詰まりました。
> 相手が悲しんでくれる別れは、幸せです。一度できた絆は、そう簡単には切れませ

ん。いつでも声をかけてください。待っています。
もうすぐ中学生です。そして後たった3年で受験です。きびしいたたかいの前に、君たちは、人間的に豊かになり、しなやかな心で存分に自分を表現できるようになりました。

自信を持ってください。
自分を大切にしてください。
そして仲間を大切にしてください。

とびこんで
負けるなおれの
めんこい子

長い間ありがとう。
僕も成長することができました。

感謝しています。
サヨナラサンカク　マタキテシカク　バイバイ💧

第3章

どう育てるか　いじめに挑む

18
見えないいじめ

2度目の6年生を担任していたときのこと。毎日の家庭学習のノートに衝撃の文章が書いてあった。次に紹介する。

「いじめている子といじめられている子」　ののは

男の子って自分ではうまく説明できないのに、手を出すんですね。

「どうしていじめるの、説明してみてよ！」というとすぐだまってしまうのに、なぜいじめるのですか？

この前（土曜日）、先生が学校を休んでいた時、あおいちゃんがいじめられていました。もう先生は気づいていると思うので名前は言いません。（もちろんはじめは女子がいじめていました）ちょうど避難訓練の帰り道でした。私はそのいじめている子に何回か「やめなって、○○ちゃん！」て言っていたけど、全然やめませんでした。

でも、帰り道、私と顔を合わせるとそのいじめている子は、急にいじわるをやめました。

でも、それから教室にはいると、今度は○○君が「なに?どうしたの?」ってあおいちゃんのようすを見て、いじめている子に聞いていました。その話は、あおいちゃんがだれかにくつのかかとをおもいきりふまれてとってもいたかったので、あおいちゃんが○○ちゃんに「やめて」って言ったけど、○○ちゃんは、「私じゃないよー、きっとあおいちゃんに霊がとりついているんだー」という話でした。
○○君は「あおいちゃんのあとに霊がとりついているんだー」と、あおいちゃんに向かって言っていました。私は、今までがまんしていたものをぜんぶ爆発させました。大きな声で
「だからって、かまうことないでしょ!!!!」

!のマークがいくらあってもたりないぐらいの怒りでした。もちろん女子にも男子にも、いじめている子ばかりだと言っているのではありません。いじめている子に向かってはっきり言ったつもりでした。なぜか、それを言い終わったとたんに、目の奥から涙が出そうでした。いじめている子はどうして、いじめられている子のことを考えてあげないいんだろうと、私は思います。

…後略…

ののはちゃんに了解してもらってから、涙の話し合いとなった。

「実は私もいじめられていた」との告白が続いた。

「ごめんなさい。許してもらえないかもしれないけど、僕はいじめていました」との告白もあった。

「ごめんね。私も加害者だったんだね。助けてあげたかったけど、私には勇気が無くて…」傍観者もいじめられている者にとっては加害者だからだ。

いじめられていたあおいちゃんは、けなげだった。涙を見せることもなく、担任の私も含めたみんなを許してくれたのだ。登校から下校まで、ほとんど一緒にいて、かなり密な関係をつくっていても見抜けなかった。見抜けなかった自分が情けなかった。

この話し合いは、学級の心がひとつになり集団としても成長した瞬間だった。解決したのだから、ということで、記念に1時間外で遊んだ。

明るい再出発となった。

翌日の家庭学習には、指示したわけでもないのに大勢の子の気持ちが綴られてきた。いくつか紹介する。

「とってもつらかった」　やよい

今日の3時間目先生が、ののはさんの作文を読んでくれて、本当に良かったと思いました。私も3・4年生の時、あおいさんと私は同じくらいいじめられていました。私をいじめていなかった人は7人ほどしかいませんでした。もちろん男子は10人以上いじめていました。友達と帰って分かれるところから一人で家まで行くとき、悲しくていやでいやで泣いて帰りました。お母さんに言っても、

「いじめられたら、いじめないでよ！って言いなさい」

と言うだけで、何回も休みたくなりました。

「いじめないでよ！」

と言うとまた、からかったりいじめてきたりしました。○○さんのたんじょう会によばれて行って、楽しいことばかりだったのに、あおいさんもよばれていて、私とあおいさんはいじめられました。二人で
「○○さんたちのいじめなんか気にしないでいようね」

って言いました。じぶんもいじめにあい、同じ立場の人もいるから、おたがい、それ

からずっと仲良くしてきました。

「あおいさんをいじめるんじゃないよ」

と言うと、私までいじめられて「3・4年生なんか早く終わればいいんだ」と思いました。

…中略…

「やよいさんはどう思いますか？」

と先生に言われて、全部言い終わらないうちに涙がどっとあふれてきました。それは、にくらしかった思い、かわいそうな思い、悲しい思い、何故たすけられなかったのだろう、という思いの涙でした。いじめがあったら、いじめた人を思いっきりせめて、あやまらせると心にちかいました。

この作文は、今日のでき事を思い出し、再び泣いて書きました。


子どもたちは、時には傷つけ合い、時にはかばい合いながら大きく成長していく。このでき事を通して、子どもたちは深く考え、大きく成長した。

「人をたすける心」　さき

…略…

「あなたはいじめられたことある？」

と先生に聞かれたとき、

「うん」

と言うだけで、涙が目のまん中にまできて、涙で前がぼやけていました。

人をたすける心

人にたいする心

勇気が、とっても、とっても大切だと思います。私はこれを書き終わったら、いっぺんに再び涙が出てきました。

いじめっ子　たくろう

ぼくは、いじめの中に入っていると思います。どうしてかというと、誰かいじめられているのに、やめろよっていわなかったからです。すごくめんぼくないです。

反省　しんや

　ぼくはあおいさんをいじめていました。そしてぼくは、本当に悪いと思っています。あおいさんの気持ちを考えていると、いやな気持ちで学校も行きたくなくなってしまうだろうと思いました。そして先生におこられたとき、あの、ののはさんの言葉がなければ、このままぼくは、いじめていたかもしれません。…中略…

　いじめという、人の悪口やできないことを毎日のようにやられたら、学校も休みたくなります。ぼくは本当に反省しています。


あおいさんは、その後元気に学習に取り組み、明るく生活して卒業していったが、自分から話しかけてくるような積極的な子どもではなかった。

その彼女から、書店で声をかけられたことがある。あおいさんが高校生のときだ。

「タカムキセンセー！」と信じられないくらい明るい声で話しかけてくれた。

「すごく楽しい！」と存分に高校生活を楽しんでいる様子だった。

その自信に満ちた表情を、私はまぶしく見つめていた◊

19 いじめ解決への一歩

高学年のある学級で、女子全員から仲間外れにされたいおりさん。その母親から訴えがあったことがある。私は担任をもたない学校全体の仕事をしていた。

担任が説得するが子どもたちはがんとして動かず、途中から私が説得に当たった。根は深く3年生にまでさかのぼる。その間にあまりにも多くの未解決の事件があり、その未解決の事件は大きなわだかまりとなって子どもたちの中に存在していた。すべてを解決することはできない。かといって解決できなければ子どもたちは動きだそうとしない。堅く重い大きな岩のようなわだかまりを動かすのに、その学級の女子全員（いおりさん以外）と話し合いをし、1時間半を要したことになる。

私が話したのは以下のようなものだった。

無視という仲間外しはいじめである。いじめは犯罪だ。いじめた者は加害者だ。いじめを見ていた者もいじめられた子を助けなかったのだから、いじめられた子から見たら加害者と同じだ。ということは、あなたたちは全員がいじめの加害者ということになる。

子どもたちは主張した。

私たちは加害者ではない。被害者だ。私たちは今までいおりさんにひどいことをされてきた。なるほどと思わせる言葉が続いた。他にもあるというので全て書き出して、後でいおりさんに事実確認することを約束して、話し合いを続けた。

私は次のように話した。

過去にいくらひどいことをされても、今苦しんでいる人がいたら助けてあげなければならない。今は大勢が一人をいじめている異常な状態だ。

子どもたちも必死だった。子どもとは思えないほど冷静な顔つきだった。

異常な状態の原因をつくったのはいおりさんだ。たたかれたらたたき返すのが常識。家庭でもそう教えられてきている。私たちは過去にされたことを優しくしてお返ししているだけ。

私も本当に必死だった。

たたかれたからといってたたき返すんじゃあ、永遠に分かり合えることはできない。絶対多数の君たちが一歩ゆずって分かり合おうとしなければ、永遠に分かり合うことはできない。いくらいおりさんが悪いことをしたとしても、許してあげなければ未来は開けてこない。今日のこの話し合いの1分先の未来も、1時間先の未来も、明日の未来も見えてこない。今、いおりさんは苦しんでいる。反省もしている。もう一度仲間に入れることはできないのか。

子どもたちは冷ややかだった。

信じられない。そんなに簡単に変わることができるとも思えない。

私は提案した。

いおりさんとみんなとこのクラスのために、可能性にかけてみる気はないか。


話し合いの始めは全員がかたくなだったのに、この段階になって少しずつ変化が見られてきた。ひとりずつ聞いていくと「可能性にかけてみてもいいよ」という子が出始めたのである。

「ただし、これが最後のチャンスだよ」という条件付きではあるが。

堅く重い大きな岩が動き始めた。

それにしても、こんな大きな問題になる以前に、担任がなすべきことは何だったのだろうか。少なくとも個別に整理できる段階で解決すべきだったのではないか。

話している子どもたちの表情がおとなのようだった。教職生活初めての経験だ。

「たたかれたからと言ってたたき返すんじゃ、ヤクザと一緒だ」と私が言ったとき、

「先生の家では、右の頬をぶたれたら左の頬を出しなさいと、子どもに教えてるんですか」

と詰め寄られたときには困ってしまった。

ここで負けたら一歩も動けなくなる、何度もそう思った。子どもたちも必死だった。私も必死だった。いじめという暴力をヤクザという具体例で私が問うたとき、博愛の思想をキリストの言葉の具体例で切り返してきた少女に、私は圧倒されそうだった。ディベートで鍛える必要もないほど論争に強い子どもたちだった。その後に私がなんと答えたかを覚えていない。

嘘をつかない、ごまかさない、とにかく必死だった。子どもは、嘘やごまかしに敏感だ。必死で論争しているうちに、お互いが必死なのだという共感が子どもたちと私との間に生まれてきた。

情がつながり始めたのだ。

岩が動いて希望の光が見えはじめた。

いおりさんに確認すると、クラスの女子が訴えていたことの大体を認めた。深く反省しているようだった。首をかしげたのは、自覚がなかったことだった。一人ずつ別室でいおりさんと話し合ってもらった。どちらからともなく、「ごめんなさい」の言葉が出て、あとは涙、涙…。情でつながることができたのだ。

ひとりの子が言ったように「最後のチャンス」だったのかもしれない。解決までは遠い道のりであるが、道は開けた。私にできたことは、堅く重い大きな岩のようなしこりを、ほんのわずか動かしただけだ。

あとは子どもたちと担任とで切り拓いていくしかない。

それにしても、深く反省したり心を入れ替えたりした時の子どもの素直さには、驚かされることが多い。この時の子どもたちの晴れやかな笑顔には、おとなにはなかなか見られないすがすがしさがあった。子どもが持つ偉大な力の一つだと、つくづく思っている。

20 いじめ解決への道筋

いじめはいつでもどこにでも起こりうる。

解決への道筋は次のようになる。

①早期発見、早期対処が原則。

個別の問題は白黒がつけやすい。いじめに関しては、いじめた方が一方的に悪い場合が多い。

しかしその奥にいじめられた方にも問題がある場合がある。その時はいじめられた方も謝ると、しこりがなくなる。

謝る時には、もうしないという約束が必要だ。

ついでながら、けんかの場合は、交通事故の過失割合と同じ考えで対処するとわかりやすい。6分4分か7分3分で過失割合の多い方を先に謝らせる。それから少ない方にも謝らせる。お互いに謝ることが大切。もちろん、もうしないという約束も添えて。この処理を誤るとしこりとなって残っていく。

過失割合の低い方の子どもは、ひどい仕打ちを受けても、あいつが謝ってくれるなら自分も
…と考える場合が多い。

「あいつにも絶対謝らせるから、あなたの悪かった部分を反省して謝れるか？」

という確認をしておく。

その後過失割合が高い方を説得する。

「こんなにひどいことをしたんだから、謝った方がいいぞ。悪いことをしても反省して謝ることができれば、仲直りができる」

互いに謝った後は、握手で終了だ。

しこりを残した中での『形だけの握手』の場合、解決したように見えても問題は大きく膨ら

んでいく。

②いじめがわかった段階でなるべく大勢の子どもに訴える。

学級全員とか学年全体とかだ。関係者だけではなかなかうち破れない厚い壁をうち破ってくれる子どもたちがいる。いじめている子でも、いじめられている子でもない第三者の中にいる。今回の場合は「最後のチャンス」と言ってくれたような子たちである。こういう子たちは、いじめを見ても何もできない自分をもどかしく思っている場合が多い。この子たちの正義感がいじめている子たちを動かす力となっていく。

③ただしこの子たちは、正義感を持っていても動き出せない場合が多い。

「あなたはどう思いますか？」

「あなたはどうすべきですか？」

と問いかけなければならない。

④最後の結末をイメージして、そのイメージにたどり着くために最善を尽くす。

日本人は情でつながるのが一番だと思う。

ごめんなさいと涙だ。

しかし集団の中に外国人がいる場合は、この限りでない。

日本人の子どもの方に過失割合が少ない場合でも、先に謝ってしまうと、「今回だけは大目に見てやる。」と外国人の子どもに言われたことがある。

これから国際交流が増えていくことを考えると、大きな難しい問題が潜んでいることに気づく。

⑤アンテナを最大限に張っておく。
グループの形に机を並べるときに、ちょっとだけ隙間をつくる子がいる。整列するときに少しだけ間隔をあける子がいる。いろんなところに情報がある。担任が指摘して、いけないにとだと知らせないと、間隔をもっとあける。行動はだんだんエスカレートしていく。いろんなところにいろんな情報があるのに、担任は気づかない場合が多い。かつて私もそうだった。

⑥高学年を担任するとき、初めにアンケートをとり、しこりを取り除いておく。
それまでのいじめや意地悪についてたずね、問題と認められたら、それまでの問題を解決しておく。それまでのしこりを取り除くことができれば、担任してからのことは、現在進行形の

場合だけなので対処しやすい。

　これをしておかないと、さしあたっての問題に対処しているときに、「私は2年生の時から○○ちゃんに…」となってしまう。対処しなければならないことが複雑に絡み合ってしまい、解決が困難になってしまうことになる。

21 宿題を出さない教育

　私は担任している間、ほとんど宿題を出したことがない。

「今日はめったに出さない宿題を出すよ。おうちに帰ったらおうちの人に、今日はタカムキ先生に○○のことでほめられた！と言いなさい。明日おうちの人が何と言ったか聞くからね」

　子どもたちはこのめったに出ない宿題を喜んだ。俗に言う勉強の宿題は、本当にほとんど出さなかった。では、子どもたちは家庭で勉強しなかったか、というとその逆で、猛烈に勉強してくる子どもが多かった。

　家庭での学習を高学年の場合は大学ノートに、低学年の場合は教科のノートに、自分でやりたい勉強をして翌日提出する方法だ。

国語は、教科書本文を書き写す全文視写に取り組んだり、漢字の練習をしたりしてきた。教科書本文を何度も読み込むこともすすめた。「○○を○回読んだ」とノートに書いてくる子もいた。教科書を試写したり読んだりすることは、子どもの集中力を高め、意欲的になることが多かった。

算数は、教科書の予習を中心に取り組んでくることが多く、予習してくる子どもが多いと、授業での理解度も高まっていった。中には1学期の間に、友人と競ってその学年の算数の予習をすべて終わらせてしまう子どもも出てきた。

理科や社会は、興味のあることを調べてくることが多かった。

どの教科の家庭学習も、素晴らしいものは必ず帰りの会で紹介した。ある時、徹夜して大学ノート1冊分勉強してくる6年生が現れたりもした。勉強の頑張りが量で見えるのはわかりやすい。質ももちろん大切だが、量で勝負！があってもよいのではないか。

ノート1冊が終わるとナンバーをつけて帰りの会で祝福した。1年で数十冊のノートを積み上げていく子どもも出てきた。積み重なったノートは、努力の賜だ。努力を続ける子どもは、意欲的になり自信を深めていった。問題集もノートと同じように家庭学習として認めた。昭和のノスタルジーかもしれない。

ある時、「哺乳類は卵を産まない」という話を私がしたことがあった。その次の日、あかねちゃんが卵を産む哺乳類がいる、という事実を家庭学習に書いてきたのだ。私も知らなかったことを、カモノハシの見事なイラストとともに記されていた。

参ったね。こんな時は、みんなの前で読んで聞かせて賞賛することにしている。

宿題はやってきて当たり前。やってこない子どもには説教しなければならない。しかしこの家庭学習は、やってこなくても叱られることはない。ただしやってくれば賞賛が待っている。ノートにひと言、賞賛の言葉を朱書きした。一人の頑張りが数人に伝播し、学級に広がっていく。この家庭学習には無限の広がりがある。

宿題は、やってしまえばそれで終わり。学習意欲に蓋をしてしまう感覚がある。もっとやろうという意欲に繋がらないが、家庭学習には終わりがない。やりたい子どもには青天井の世界が待っている。集中が意欲を生み、新たな集中へ、そして新たな意欲へと発展していく。

近年、宿題を出す学校が当たり前になってきた。

子どもの学習意欲に蓋をしてしまわないか…子どもの無尽蔵の向上心を摘んでしまうことにならないか…残念でならない。

22 愛情を風呂桶一杯

「上の子にも下の子にも、同じように愛情を注いできたのですけど…。反応が上の子と下の子で全然違うから…困ってしまって…」

子育ての難しさに悩む保護者からの言葉によく伝えたことがある。

「子育ては難しいですね。だから楽しいのです。子どもにはそれぞれ個性があるから、欲しがる愛情にも違いがあります。コップ一杯の愛情で満足する子どもがいれば、風呂桶一杯の愛情でようやく満足する子どももいます」

こちらも子育て中なのに、偉そうによく言ったものだね。

風呂桶一杯にするには、コップだと一体何杯必要になる?というような大げさな話だが、落差が大きい分だけ通じやすかったようだ。続けて次のように言う事が多かった。

「ただ、大切なことは、注ぐ愛情はあふれさせてあげることです。コップでも風呂桶でもいっぱいにすることです。ちょっとでも足りないと、愛情に対する飢餓感が強まります。要求する器からあふれている様子は、満足する気持ちそのものをあらわしてますね。親子が笑顔で見つめ合っていられればいいですね」

心理学で検証されたことではない。経験則から得たものだ。

コップ一杯の愛情で満足する子どもとは、俗に言う子育てで手のかからない子どものことだ。親から見れば、普通に愛情を注いでいれば子どもは育っていくと思っている。親を困らせることも悩ませることも少ない。けれど、このような子どもこそ、本人は気づいていないかもしれないが、より多くの愛情を求めているのかもしれない。

それに対して、風呂桶一杯の愛情でようやく満足する子どもとは、子育てで手がかかる子どものことだ。普通に愛情を注いでいても、それでは足りないといろいろと要求してくる。要求が通らないと泣いたり叫んだりすることもあり、親は困り果ててしまう。

どちらにしても、あふれるだけの愛情を注いで欲しいと伝えた。あふれているかどうかの見極めは、子どもの表情を見ればわかる。注がれた愛情があふれている子どもは、満足で笑顔になっているはずだから。

23

甘やかすこと・甘えさせること

「甘やかして育ててしまったものですから…。このままでいいでしょうか？」

「高学年にもなっているのに、いまだに甘えてくるんですよ。心配しなくていいのでしょうか？」

「うちの子は我慢ができません。どうしたらよいでしょうか？」

教員なら、親からたずねられることの多い言葉だ。

若い頃はなんとなく、甘やかしはいけないこと、甘えさせるのは場合によっては良いこと、我慢は大切、と考えていた。しかし、明確に答えられていたわけではなかった。

自分の子どもが成長して自立していくことをイメージするようになってから、考えが明確になっていったような気がする。

甘やかされて育った子どもは、自分を律することができにくくなる。いけないとわかっていてもワガママを通してしまうような人になったりする。我慢ができないままにおとなになってしまうと、他の人に迷惑をかけてしまうことになる。子どもの将来のためには、甘やかさないことだ。

例えばゲームで遊んでいる子どもが、約束の時間を過ぎてしまったら、甘やかすことなくやめさせる。親が高圧的にやめさせるのではなく、子どもの自立に向かって、できるだけ自分でやめるように仕向ける必要がある。自分で自分を律することができるように仕向けていく。

ところが、甘えるのが上手な子どもがいる。甘えながら、約束の時間を過ぎてもゲームをやめずに親に叱られない方法を探る。これも才能の一つではあるが、甘えてすり寄ってきても、受け止めてやめさせることも必要だ。甘えてくるのは愛情表現の一つだから、甘えてきても甘やかさないことができれば問題はない。

子どもの自立を思えばこそ、自律のために、親も我慢が大切になってくる。

24
我慢させること

『水をやりすぎた木は枯れる』は、サッカー解説者のセルジオ越後さんが出した、今から50年近くも前の本だ。

当時の日本には物が豊かにあふれ、次代を担う子どもの教育に危機感を抱く人々が出始めていた。当時のおとなの多く、つまり今のお年寄りの多くは、昔、物の無い時代にとても苦労した。その人達が親になった時、こう考えたようだ。

「自分たちが苦労したから、その苦労を子どもたちにはさせたくない」

こんな考えの親に育てられ、経験不足のまま育っていく子どもたちに危機感を抱いた著者は、本文の中でこんなことを書いている。


自分の息子が10歳の時、デパートでおもちゃが欲しいと駄々をこねた。そこで私は、「今晩はステーキを食べる。おもちゃを買うなら、おまえはステーキを食べられないぞ。我慢できるんだね」

すると息子は、ステーキはいらないからおもちゃが欲しい、と言ったのでおもちゃを買ってあげた。その代わり、夕食はその子だけステーキ抜きだった。

この時以来、息子はあまり物をねだらなくなった。


子どものいいなりになるのは、かえって子どもを不幸にしてしまうと著者は主張している。

『水をやりすぎた木は枯れる』というのは、ブラジルの諺だそうだ。実際に庭の木に水をやりすぎると、根腐れをおこして枯れてしまう。子育てをする時に、お金や物を与えすぎると、子どもがダメになってしまうというたとえなのだ。

十数年前にセルジオ越後氏が札幌に来た時に、食事をご一緒させていただく機会があり、この本のことを話したら、

「あれはとてもよい本だったのに、あまり売れなかったね。だから今でも日本では木に水をじゃぶじゃぶやりすぎているね。このままだったら、日本の子どもは枯れてしまうよ」

大変重みのある言葉だった。

子育てには、逃してはならない機会がある。親も教師も、その機会を待っていたかのように生かしていきたいところだ。しかし、そううまくいくものではないことも承知している。

機会を生かす難しさを知っているからこそ、このセルジオ越後氏の「ステーキの話」は私の心に残り続けている。愛情はいくらそそいでも子どもがダメになることはないが、お金や物の与え過ぎには注意が必要だということを、この本は教えてくれている。

25 運動会みんなで手をつないでゴールイン？

運動会の短距離走、みんなで手をつないでゴールイン、というようなことは実際行われていたのだろうか？

ゆとり教育の時代に、子どもに優劣をつけるのを避けるために行われていた、と思っている人もいたのではないだろうか。しかし、少なくとも私の近辺ではそのような事実はなかった。

ネットで調べてみると、全国的にもそのような経験や目撃情報はなく、都市伝説のようなものらしい。ゆとり教育批判のための宣伝に使われた可能性は否定できないが、少なくとも全国的な広がりがあったものではないようだ。

一般的に低学年は、走るグループを身長順で決めることが多い。だが高学年が身長順で走っていると、結果の固定化が問題になる。走る前から結果がわかってしまい、子どもの意欲に繋がらない場合が多い。

そこで私が勤務していた学校や近隣校では、様々な工夫がなされた。

事前にくじ引きをして走る順とコースを決めたことがあった。生年月日順に列を作り、遅く生まれた順に走ることもあった。試行錯誤を繰り返し、次のような方法をとる場合が多かった。事前にタイムを取り、リレーの選手を決める。その次に、タイム順にグループを作って競わせる。マラソンと違い、短距離走は練習しても急激に速くなることはない。だから、6年間ずっと負け続けることのないように考えた結果、このような方法が生まれた。

しかし問題点は残っている。

リレー選手の見込みのない子どもが、タイムを取るときに少し手を抜いて走る。すると、遅いグループで走ることができるので、上位を狙うことができるからだ。

さらなる改善が望まれる。

競い合うことは人切なことだが、意欲的な子どもを育てるためには様々な工夫が欠かせないことは明らかだ。

26 運動会の充実

運動会の種日と言えば、短距離走・ダンス・団体競技が中心になる。札幌の小学校では、高学年の場合、よさこいソーランと騎馬戦で大いに盛り上がる。取り組みを通して力を合わせることの難しさや、心をひとつにすることの大切さを学んでいく。児童会や応援団での盛り上がりも大切だ。子どもの活躍の場は各所に用意されている。このような場面で見せる大きな成長を大切にしたい。

運動会は大正デモクラシーの中で生まれ、全国に広がっていったと言われている。学芸会、卒業式とともに日本独自の学校文化だ。

昭和の世界恐慌、それに続く軍靴の高まりに、大正デモクラシーは押しつぶされていったが、運動会、学芸会、卒業式という学校文化は残ることができた。

大切に継承していくと同時に、変化発展させていく視点をもつことが必要だろう。

「足が遅いから運動会は嫌い」と訴える子どもは多い。

しかし、子どもの時の短距離走の速い遅いで、その人の将来が決定づけられるわけではない。人生の彩りに影響を及ぼす可能性はあるが、決定的なほど大きなものではない。足が速い、歌がうまい、絵がうまい、ジョークがうまい…要するに個性の一つではないか。

ただ、運動会に走る速さを競う短距離走が残り続けるのなら、歌うま競争や絵画競争、ジョークうま競争などの文化的行事があってもいい。だとしたら、それは希望者だけの参加になるだろうか。

障害物競走や借り物競走など、運やチャンスを生かす競争もかつてはあった。速い遅いだけではなく、楽しみながら目標に向かう力を付けるようにしていた。ペーパーテストだけでは計れない能力を育てる目的もあったのではないか。

コロナ禍によって学校行事は大きく様変わりしてしまった。ポストコロナの時代には、どのような形の学校行事が考えられるだろう？

27

発育途上の競争はフェアーか？

リレーは完全に走力によって選ばれる。だから運動会の花形と言われる。

だが、ここで一つ注意が必要なのが、成長の度合いの違いだ。

小学校6年生と言えばまわりの先生よりも大きな子どもも出てくる。先におとなの体に近づいた子どもと、子どもの体のままの子どもとの競争であるという点だ。先におとなの体に近づいた子どもは、圧倒的なパワーとスピードを持っている。運動会のリレーのアンカーで、そういう子どもが他の選手をごぼう抜きにしてヒーローになったりする。成長の度合いが違うということもあるということも、考慮に入れておいた方がいい。その時ごぼう抜きにされた子どもの体のままの選手が、後に成長してスピードランナーになっていくこともよくあることだ。

小学生スポーツの全国大会が縮小されるようだ。成長の度合いが違う上に、発達途上の子どもが強度の筋肉トレーニングを行うことの弊害など、様々な角度からの指摘がなされている。

中体連の全国大会も中止の方向で動き始めた。トップアスリートからの弊害を指摘する声などもあり、文部科学省・スポーツ庁も同じ方向で動き始めている。

28

学業成績の優劣を比べることは？

学業成績の優劣を比べて明確にすることはどうだろうか？

私の子どもの頃は、５段階で他の子どもと比べる評価が当たり前だった。中学や高校では、試験の成績が学年で何番目になるかがはっきりわかり、廊下に張り出されたりしていた。学業成績の優劣がはっきりと前面に出て、競争に拍車がかかっていた。学業成績の優劣は、進学先の選定に大きな影響を与える。さらにその進学先から就職のことを想定すると、学業の優劣だけで人生を大きく左右してよいのかという批判が生まれた。

学業の優劣も、足が速い、歌がうまい、絵がうまい、ジョークがうまい…要するに個性のひとつ、と考えていいのだろうか。

古より中国には科挙の制度があり、膨大な知識を獲得し、課題に的確に対応できる人材を選抜する仕組みが確立し、連綿と続いていた。中国や韓国では、いまだに大学入学選抜制度が人生を大きく左右すると言われている。日本でも、東大を頂点とした学歴序列は、見え隠れしなからも続いてきている。

学業の優劣だけではない選抜方法が以前紹介されたことがある。米国35代大統領のジョン・F・ケネディーの大学入試のことだ。彼は並外れたモチベーションを持ち合わせていたようだ。高校時代はそれほど学業が優秀でなかったにもかかわらず、ハーバード大学が彼を入学させたのは、新聞部で発揮した並外れたモチベーションの高さとリーダーシップだったと言われている。★6

学業成績の優劣よりも大きな要素を見つけるために、スカウトマンを全国に派遣するハーバード大学の入学選抜制度は、学業成績だけで計れない人格総体の優劣を考える上で大きな示唆を与えてくれている。

★6 『日本の条件11 教育』NHK出版より

29 他の人と比べる評価から、できたかどうかを見る評価へ、そして新たな評価へ

新卒で着任した学校の通知票は、人と比べる５段階での評価だった。５…７％、４…24％、３…38％、２…24％、１…７％とほぼ決められていた。優秀な子どもや頑張った子どもに５や４をつけることはうれしいことだったが、できていないからと１や２をつけることはためらわれた。ためらうどころか、かわいい顔が浮かんできて仕事が全然進まなかった。

「あなたはこの教科で他の人と比べて劣っています」

こんな評定を下しておいて、子どもに頑張れと言っても無駄だと思った。この時だけは教職を選んだことを真剣に悔やんだ。ごめんな、申し訳ない…冷や汗をかいても仕事は進まなかった。

他の人と比べない評価、目標に到達したかどうかの評価は画期的だった。

できたかどうかなので、全員が目標に到達していれば全員に満足する評価をすることも可能

だった。指導が適切に行われて子どもがしっかりと学習すれば、目標に到達することが多かった。子どもは意欲を失うことなく、学習に取り組むことのできるシステムだ。

しかし、保護者の評判は、いまひとつだった。

「うちの子が全体の中でどのくらいの位置にいるのかがわからない。この先、どうせ受験競争に巻き込まれるのだから、小学校だけこのような理想を求められても困る」

文科省も含めて、何年もかけて他の人と比べる評価から、できたかどうかを見る評価へと変わっていった。大学入学選抜も含めていまだ発展途上にあるが、自分を見つめる評価への変化は、学校教育を大きく変えるきっかけとなった。


評価は誰のためのものか?

高校や大学の入学試験は、受け入れる側・採用する側のための評価だ。会社の採用試験も同様だ。しかし、自分の成長を見つめ、自分の進路を見極めていくための評価にこそ、焦点化すべきではないか。

それは、自分の成長の跡を見つめるポートフォリオ評価だ。

テストや作文、行事の記録などをファイルに綴じ込んでおいて一定期間ごとに振り返り、子どもと教師がその子の成長を確認し合うという方法だ。自分の人生を振り返って、「あの時のあの結果が大きな転機となった。」と思える思い出は誰にでもあるはずだ。

小さな成長の跡でも積み重ねていくことができれば、大きな自信になり、新たな目標が生まれてくるだろう。成果を子どもと教師が共に見つめる、できれば保護者とも共有したい。

子どもの成長の跡を、子ども本人と教師・保護者が愛情を持って見つめる、そんなことができるポートフォリオ評価に、大きな期待を抱いている。

到達度評価とポートフォリオ評価とを組み合わせることも可能だ。しかし、残念ながら実践報告が届いてこない。発展充実に期待している。自分の成長を確認するための評価が充実していけば、人生は豊かに広がっていくはずだから。

30

ゆとり教育批判

教育界には『不易と流行』という言葉がある。

『流行』とは、社会や環境などの様々な変化によって必然的に求められてくるものだ。

例えばコンピュータの出現によって、教育現場に変化が生まれる。教師も学生もコンピュータを使って学びが進行する。また、グローバル化の進行によって外国語教育が必要になる。社会や環境などの様々な変化によって、教育方法も教育内容も変わって行かざるを得ない。

これが教育界に『流行』があるゆえんだ。

それに対して、どんなに流行があっても、変わってはいけないのが、教育の基礎・基本としての『不易』の部分だ。国語や算数などの教科や学級会やクラブ活動などの特別活動の、人間として成長していくための基礎的基本的な部分だ。

戦後日本の教育界はこの『不易と流行』の大きな波にもまれてきた。

戦後間もなくは、教科書を墨で消し、戦前の教育を否定したところから出発した。その後、新しい教科書が出てきた頃には、知識よりも生活から得られる課題を解決する学習方法が採用された。知識偏重から解放されて、こんな川柳がもてはやされた。

『戦後教育　野球ばかりが　うまくなり』

教員も学生も自由を謳歌したが、その後学力低下への批判が起こり、知識偏重の学力中心になっていく。

ところが、『知識詰め込みの受験戦争』の弊害が大きな問題となり、メディア等で批判が高まった。

そして生まれてきたのが『ゆとり教育』だった。

少ない知識を最大限活用して探究型の学びをしていくという目的で生まれ、教育内容も大幅に削減した。

その中には、「便宜上円周率を3としてもよい」ということがあった。例えば、公園の丸い池の円周を概算で求めるときには、池の直径が約5メートルのとき、円周は5×3→およそ15メートルとなる。概算だからこれでよいはずだ。正式な計算では3・14は残っていた。

ところが、多方面から批判が続出した。

円周率は3・14なのに、ゆとり教育では3でもよいといっている、という批判が塾の宣伝にまで利用された。的外れの議論なのだが、声の大きな方に押される形で『ゆとり教育批判』が横行した。

どうも意見がかみ合わないまま、日本的あいまいさで物事が進んでいった感がある。

知識は大事だ。物事を考える上での出発点になるからだ。しかし、その知識をどのように使うかという議論がないままに、東大を頂点とする知識万能的な発想が、また前面に出てきている感がある。

文科省が進めている教育改革も、揺り動きで行ったり来たりの感があったが、いよいよ大学入試改革にまで到達した。
日本の子どもたちの未来のために、期待と共に見守っていきたい。

31 性教育…寝た子を起こすな？

◆寝た子を起こすな！何もわからない子どもを、わざわざたたき起こしてどうする?!
◆小学校で行われているのは、性教育ではなく性器教育だ。微に入り細をうがつ説明は必要がない。
◇子どもは寝ていない。すでに起きている子どもに、何も教えなくてもよいのか！
◇何も知らない子どもにこそ、事実を包み隠さずに説明すべきだ。

このように世論を二分する教育課題を実施に移すのには、様々な困難がある。

本当は学校として正式に議論をして、教育課程に組み込んでいくのが正式な方法だ。私は、正式な方法を選ばずに、学級や学年で取り組むことにした。

高学年を受け持つと、保護者に性教育を実施することをお知らせしてから、次のように取り組んだ。

「図書室から、性に関する本を全て持ってきてくれるかな？」

私がこう言うと、何人かが図書室に向かってすぐに戻ってきた。手には、何人か合わせて10冊ほどの性教育の絵本があった。性教育の本のありかがわかっているようだった。

まず低学年用から読み始める。子どもたちが見やすいように絵本を開き、半身になりながら無表情で淡々と早口で読んでいく。高学年用の本は、かなり詳しく書いてあるものが多い。

性教育は命の教育であることが伝わってくる。そしてどの本にも共通しているのは、性行為によって妊娠して子どもが生まれること。高学年のものには、「何億分の一の確率であなたは生まれた！」というような奇跡的な誕生の喜びまで書かれていた。避妊やエイズについて触れている本もあった。「性行為をセックスと言い、ペニスをワギナに入れて射精します」というような表現と共に、合体しているイラストが載っている本が多かった。それらのことを淡々と一気に読んでいく。

私は、「望まない妊娠とエイズによる絶望から子どもたちを守りたい」と思っていた。そのことを子どもたちに伝えて無表情のまま授業を終えた。

授業後に数人の子どもたちからいくつか質問を受けたことはあったが、淡々と答えることが多かった。かかった時間は60分くらいだったと思う。性のことは微妙なことが多いが、翌日の家庭学習に何かを綴ってきた子どもはいなかった。保護者からは好感を持って受け止めていただけたようで、伝わってきた反響の中に否定的なものはひとつもなかった。

高学年の子どもたちは、寝てなんかいなかった、と思っている。

望まない妊娠とエイズによる絶望について、日常的に話せる環境が整うことの素晴らしさを実感している。

32

歴史教育…近現代史をどのように扱うか？

歴史を学ぶことは、子どもたちのこれからの生き方の指針作りにつながっていく。突き詰めていくと、現代日本の数々の政治課題の解決につながっていく。だからこそ、二極分化する政治課題を扱うことと同じく、難しい問題をはらんでいる。

縄文時代は、じっくり取り扱うのに、近現代史がなおざりにされるのには、政治課題の二極分化が背景にあることは否定できない。

この政治課題に教師が持論を展開すると、二局のどちらかから批判が出てくる。本来教師の意図しない結論に多数が流れたとしても議論が深まり、子どもたちが主体的に考えることができれば、どんどん実施していきたいものだ。

授業時数が不足して近現代史の授業ができないのであれば、授業の進め方を逆転させてはどうか、という意見がある。近現代史を先に学び、そのあとに縄文から学んでいくという方法だ。

歴史が現代に蘇り人生の進路を考えるとき、一番重要なのは近現代史だ。

「もし、太平洋戦争で日本のために！と命を落とした若者が、今の日本を見たら喜んでくれるか？」

という課題で討論できるとしたら、歴史教育は常に現代に蘇る力を持つのではないか。

今になって思えば、とても興味のあることではあるが、私は実践してこなかった。できなかった。ただ、原爆の悲惨さ、戦争の恐ろしさを伝えることだけは、できたと思っている。

２０２２年度から高校生が近現代史を学ぶ『歴史総合』が始まる。国際人として生きて行かざるを得ない若者が、日本の近現代史を必須科目として学ぶことになった。期待して見守っていきたい。

33

ミュンヘンの校長室でビール?!

1988年、札幌と姉妹都市交流の一環で、少年サッカー札幌選抜の6年生の子どもたちをつれて、ドイツのミュンヘン市に行かせてもらった。ドイツと日本は似ていると言われているが、ミュンヘンの人たちはあくせくした感じがしなかった。ゆったりと歩き、ゆったりと仕事をしているようだった。

なぜなのだろう?

学校訪問をして校長室で給食を食べたとき、中学生がボーイさんのかっこうで給仕をしてくれた。

その校長室の棚には、ビールがいくつも並べておいてあった。

珍しそうに眺めていると、「飲みますか?」と校長先生が言う。

校長先生が私と同行の仲間のグラスにビールを注いでくれて、「プロースト!」のかけ声で乾杯をした。校長先生も一緒に飲んでいる。

文化の違いとは言え、給食時間に、校長室で、ビールで乾杯とは…。

それにしても、ミュンヘンでのビールはどこで飲んでもおいしかったが、訪れた学校の校長室で飲んだビールが最高だった。

強烈な体験だった。

うまかったなあ！

感謝‼

34 二度目のミュンヘン

１９９５年、６年生の子どもたちを連れてドイツのミュンヘンに行ったときのこと。

ミュンヘンの１８６０Ｕ12チームは札幌の子どもたちをホームステイで迎え入れてくれた。

その前の年に札幌市がホームステイで迎え入れた返礼でもあった。

その最終日のさよならパーティーは近くのレストランで行なわれた。ホームステイ受け入れ家庭の親も参加だ。バイエルンふうのご馳走をビュッフェスタイルで用意してある。子どもたちはお腹いっぱいご馳走を食べていた。

ところがさっきから、ミュンヘンの子どもの一人が泣いているので、通訳の方がなぜ泣いているのか聞いてくれた。

「札幌の子が明日、日本に帰っちゃう」と言って泣いているのだという。

通訳の方はすかさずその子を抱きかかえ、頭を撫でてあげていた。なんて情の厚い子だろう。札幌の子がなぐさめにいっている様子を見ていると、この交流が大成功だったことがわかる。このミュンヘンで生まれた友情はきっと長く続いていくことだろう。少なくともこの子どもたちは、互いに銃を向けあうなどという愚かなことはしないだろう、と思った。

「おとなは日本に帰ってもらって、子どもたちだけ残ってください」とミュンヘンの代表者は言ってくれた。この環境で育ったらきっとすばらしい選手に育っていくことだろう。

ドイツ型を目指したJリーグができたとはいえ、当時のスポーツを巡るドイツと日本の環境の違いには、天と地ほどの大きな差があった。

そして現在、その差が埋まってきているという実感に乏しい現実がある。


ちなみに1988年の遠征時は、数えるのがいやになるくらい点を取られた。正確につなぐドイツのサッカーを12歳の子どもがやる。つながれてつながれて、ボールを追っているうちにフリーでシュートを打たれる。

天然芝、おとなのコートにおとなのボール、おとなのゴール…サッカー文化の懐の深さにふれて、札幌に戻ってから追求したい課題がたくさん見つかった。

１９９５年の遠征時は、技術、戦術ともに互角以上に戦えることができた。バイエルンミュンヘンのU12にも、ミュンヘンでのリーグ戦のトップにいる１８６０ミュンヘンのU12にも勝つことができた。

しかし、芝のコートをはじめ、夜の照明、指導体制など少年サッカーの環境には、大きな差があり、いまだに近づいてきているという実感がもてないでいる。

《追記》
故佐藤公一先生には、２度の遠征とともに多大なお力をいただいた。ユーモアあふれる温かい人柄そのまま、ミュンヘンでも宴会を楽しく盛り上げてくれる国際人だった。ここにご冥福を申し上げる。

第4章

子どもの可能性に挑む

35 子どもの脳の可能性は偉大だ

私は、学級や学年あるいは学校全体で、子どもが驚異的な能力を発揮する場面を数多く見てきた。それは、長文の暗唱だったり、おとなが見過ごすような言葉を見つけて深く理解する能力だったり、驚異的な計算能力だったりする。

例えば、小学校高学年なら平家物語の祇園精舎を朗々と唱えることができる。上手に導けば、学級全員ができるようになる。しかも楽しんでだ。

例えば小学生なら、どの学年でも、作者がちりばめた物語の秘密を解く言葉を探し出すことができる。楽しく何度も読み込む練習をすればできるようになる。

例えばそろばんの習得に努めた子どもは、大きな数の計算をいとも簡単に暗算で行うことができる。頭にそろばんの5玉を並べるのだという。

日本には、他にも報告例がある。

その一つのヨコミネ式教育法の横峰園長は有名だ。九州にあるその幼稚園では、全員逆立ち歩きができる。跳び箱をどんどん跳ぶ。意欲的な子どもたちがテレビに登場して見る者を驚かせる。

北海道の銭函にある『かもめ保育園』は、ＴＶで紹介されて有名だ。夏には海で、冬には山で、子どもたちが自然の中で思う存分活動している。仲間を思い能力を伸ばしている様子は圧巻だ。

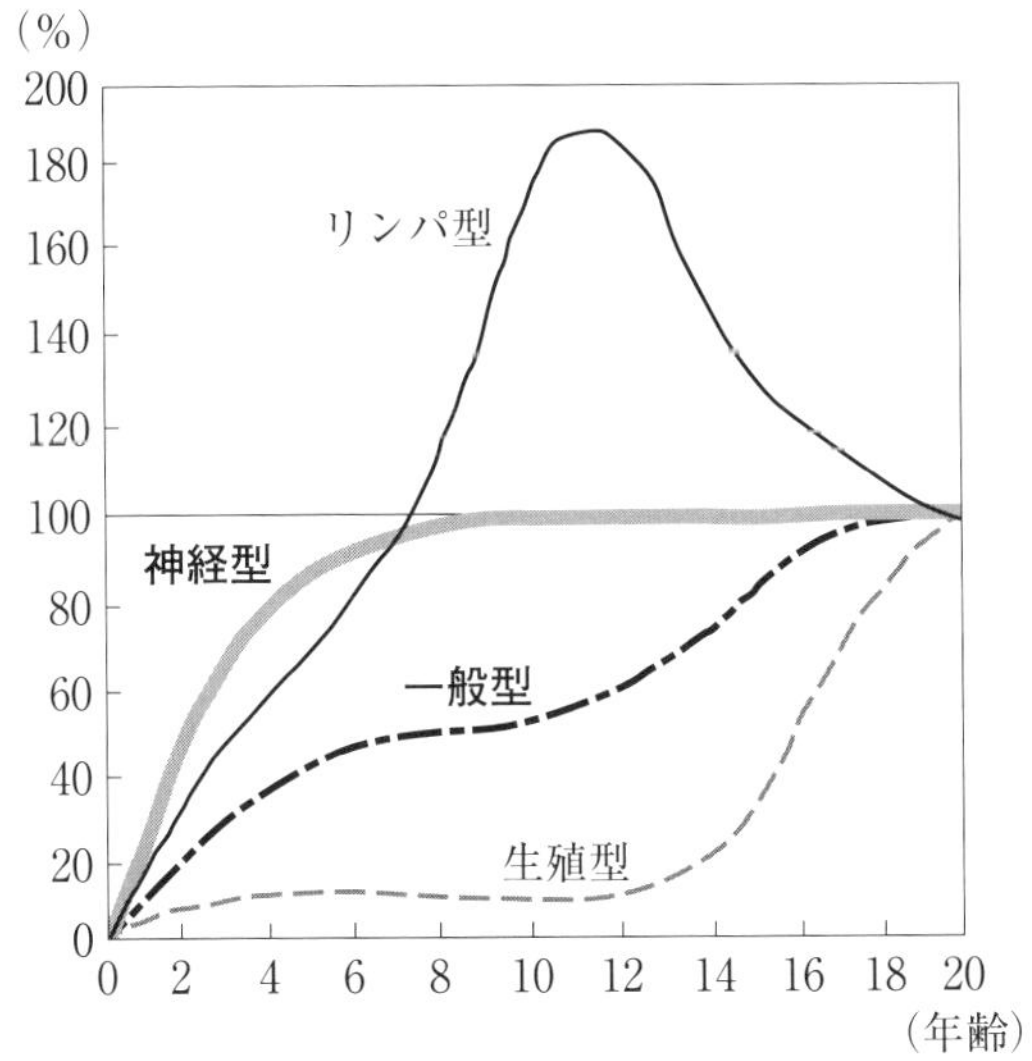

その他、○○式と言われる幼児教育に関する報告が数多くある。賛否両論あるが、大きな可能性を感じている。

私は小学校の教師として、サッカー少年団の指導者として、子どもの持つ大きな能力を引き出すように努めてきた。しかし退職後でも、まだまだ引き出し切れていないもどかしさを感じている。

この図はスキャモンの成長曲線（１９３０年発表）という。

スポーツの指導者にとって、とても大きな意味を持つ研究成果だ。

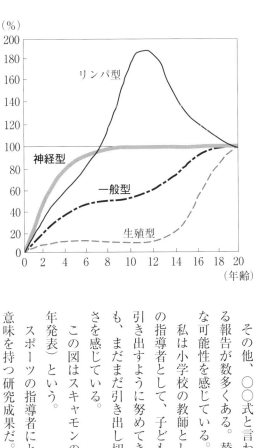

ここでは神経型（太線）と一般型（太棒点線）に絞って考えてみたい。

神経型の曲線は、脳や脊髄、視覚器などの発達を表している。神経型は、私たちの精神機能を支えるソフトウエアだ。このソフトウエアは、出生後より急激に発育し、4、5歳までには成人の80％まで重量が増すと言われている。神経系は、神経細胞同士がつながりやすく、一度つながってしまうとなかなか消えない。一度自転車に乗れるようになると、何年たってもその能力が失われないのは、そのためだ。

一般型は身長や体重の他、呼吸器や消化器などの胸部臓器の発育を示すハードウエアだ。幼児期までに急激に発達し、その後緩やかになり、思春期に急激に発達する。

スポーツの世界では、一般的に9歳から12歳をゴールデンエイジと呼ぶ。[★7] 神経型のソフトウエアの準備はできつつある。ハードウエアの体は動き回る。即座の習得が可能だ。そして一度習得できると一生使える能力となる。

ちなみに、5歳〜8歳を前プレゴールデンエイジ、13歳〜14歳をポストゴールデンエイジという。私が指導したのが6歳〜12歳の子どもたち、まさに脳は柔らかい、体は動き回りたい、習得するのが一番簡単な時期の子どもたちだ。

私は、サッカー選手の中ではマラドーナ[★8]のようなドリブラーが好きだ。プラティニ[★9]のようなテクニシャンも好きだった。今ならまさにメッシやエムバペだ。

ドリブル練習では、コーンを10本ほどグラウンドに並べて子どもたちがドリブルするように指導した。慣れてくると、ボールを間接視野で捉えて周りが見えるようにするために、見えるものすべてを声に出して言うようにした。すると、子どもたちは、頭を上げて、

「からす！」

「空！」

などと叫ぶ。素直なことも子どもの大きな能力の一つだ。

テクニックの練習もよくやった。ゆっくりと分解写真のように見せてあげると、子どもたちはすぐに習得する。

例えば『マルセイユルーレット』などの複雑なテクニックを教えるときは、

「①止める　②またぐ　③振り返る　④ボールを引く　⑤足に当てて角度を変える」

というふうに、ひとつひとつの動作を分解して教えてあげると、簡単に自分のものにしていった。

後はミニゲームで好きなように試してみるように勧める。こんな指導から、ドリブラーもテクニシャンも育っていった。

私は、子どもの脳の可能性についての研究が進んでいくことを願っている。

「この子は入学前に、妹に絵本を読み聞かせしていたのよ。文字も読めないのに、一字一句間違えずに読んでいたわ。天才だと思ったわ！」

家庭訪問で母親から聞いた言葉だ。電車の名前を覚えたとか、車の名前を覚えたとかいう話もよく聞く。

幼児の持っている脳の可能性を学習能力の向上に繋げていくことはできないか。

ピアノを学ぶ幼児が、楽譜を読み取って指に指令を出して鍵盤を押す。習得できるとより難しいメロディーでも奏でることができるようになる。幼児だからこそ獲得できる能力がある。子どもの脳は天才並みだ。

ところが、『二十歳過ぎればただの人』という現実もある。

この天才の脳を、ただの人の脳にしないための、教育分野でのソフトウエアの開発はできないか。

スキャモンが研究成果を発表してから90年も経過した。脳科学についての専門家ではないが、脳科学が最近大きく進歩していることも、本や雑誌などを通して少しは学んでいる。しかし、直接体験した者の実感として、子どもの持っている能力の大きな可能性についての研究が、さらに進んでいくことを切に願っている。

早期の幼児教育を、初等教育や中等教育、さらにその先の教育へと繋げていく大きな研究報告を楽しみにしている。世界中で行われている幼児教育研究や初等中等教育に、〝幼児の脳の天才性〟についての研究が加われば、人類の未来は大きく変わるのではないか。

★7　ゴールデンエイジの年齢の分け方には諸説あって確定したものではないようだ。ここでは、一般的な説に従って分類した。

★8　マラドーナ
　1980年代に活躍したアルゼンチンのサッカー選手。1986年Wカップメキシコ大会イングランド相手に5人抜きしたドリブルは伝説となっている。

★9　プラティニ
　1980年代に活躍したフランスのサッカー選手。シャンパンサッカーと言われるほど美しいサッカーを体現した。そのテクニックは世界中のサッカーファンを魅了した。

36 未来につながる能力開発

子どもの能力はすごい。

子どもの頃持っていておとなになるにつれて失った能力。私はこの能力について、文章にしてまとめ教育誌に寄稿した。一部加筆修正して、次に掲載する。

人間の能力が生まれつき固定的なものではなく、教育や習慣によって向上することはよく知られてきている。では、どのような教育や習慣が人間の能力を向上させていくのだろうか。

今や世界中のグローバル企業や組織のトップで、インド人が大活躍している。

彼らは大変能力が高く、かなり複雑な1日のスケジュールなども、メモすらせずに一度聞いただけで頭に入れることができるという。

どうやらインド人の成功の裏にはいくつかの理由があるようだ。

その一つが早期教育の充実だ。未就学児から英語教育が行われ、理数教育に力点が置かれている。ＩＴエンジニアや医者などの高収入を求めて、幼稚園からコンピュータ教育が行われている。さらに、複数の言語を操る人が多い。ヒンドゥー語を含めて20以上の公式な言語があり、英語は3歳位から学んでいる人が多い。大学教育は全て英語で行われている。だから、英語をネイティブなみに扱えるらしい。

そして、議論する力が素晴らしいと言われる。多様性に富んだ社会を生き抜くために鍛えられた自己主張する力、相手を説得する力が、世界で活躍する原動力になっているようだ。

ユダヤ人も優秀だとよく言われる。

ユダヤ人は世界の総人口のわずか0・2%にしかすぎない。しかし、ノーベル賞受賞者は22%にもなるという。現在の世界の金融界のトップの多くがユダヤ人である。

しかも、ユダヤ人というのは血で定義できるものではない。ユダヤ教を信奉し、ユダヤの文化や考え方を大切にしてきた人々をユダヤ人という。人種や肌の色は関係ないと言われる。★10

ユダヤは教育の民と言われる。

子どもには、旧約聖書やその解説書（タルムードという）を徹底的に暗記させる。徹底的に暗記させるのだが、教育の目的は暗記することではなく分析して疑うことだという。「なぜ?」「どのように?」と、事実の分析から実践する方法まで思考することが、子どもの頃から行われている。

インドの教育やユダヤの教育が、人々の能力の向上につながっていると考えられる。★11

悠久のインドの歴史から生まれた教育方法から学ぶことはできないか。２０００年のユダヤの流浪の歴史から生まれた教育方法から学ぶことはできないか。

★10　人種や肌の色→人種
『黒人のユダヤ教徒』→エジプトにいるようだが定かではない。
★11　ユダヤやインドが持つ政治的背景については無視し、能力開発にのみ焦点を当てて記述した。

37 『自閉症の僕が飛び跳ねる理由』…世界中でベストセラーに

『6　飛び跳ねる男の子』を担任した30年ほど後、東田直樹さんが『自閉症の僕が飛び跳ねる理由』を出版して話題となった。

驚きの本だった。

そこには、私が、もしかしたら…と想像していた自閉症の子どもが住む、知的な素晴らしい世界が広がっていた。私は、大きな衝撃と歓喜と…つながることのできなかった悔いと…ない交ぜになった不思議な感覚の中で、希望の本との出会いを喜んだ。

私は、この本の内容を他の人にも伝えたくて教育誌に寄稿した。

一部加筆修正して、以下に掲載する。

東田直樹さんが13歳のときに執筆した著書『自閉症の僕が跳びはねる理由』は衝撃の本だ。時に異邦人に見えてしまうほど理解しにくい自閉症者の内面を、わかりやすい言葉で伝えてくれている。

2013年　同著が『The Reason I Jump』として翻訳され、30か国以上で出版されている。米・カナダのamazonでそれぞれ1位、米NYタイムズ紙のベストセラーリストで3位を獲得するなど、各国で異例のベストセラーとなった。

東田直樹さんは、小学生までの作品をおもに集めて『自閉症の僕が残してきた言葉たち』という物語やエッセーも出版している。その精神世界は豊かに彩られており、読む者を感嘆させる。

それほど深く物事をとらえ、複雑に思考しているにもかかわらず、自閉症という障害のために、他人とのコミュニケーションが難しい。心に思い付いたことをすぐに忘れてしまい、気になっていることに心を奪われ、跳びはねてしまうからだという。

さらに東田直樹さんは『跳びはねる思考』を出版し、青春真っ只中の自閉症者の姿を見せてくれている。インターネットで検索すると、動画も数多くアップされている。そこには、跳びはねている姿や独り言を呟く姿など、自閉症者としての様子が垣間見える。同時に、大勢の聴衆を前に堂々と講演している姿まで見せてくれている。

彼が自閉の扉を開き、その心の中を開いて見せてくれたのは、PCのローマ字配列を書いた紙に指でポイントしながら発語し、PCで文章として残すことができたからだ。この方法を発見し、直樹さんに発語と文章表現という衝撃のコミュニケーションツールを与え、作家にまで育てたお母さん。

お母さんの愛が直樹さんに自由の翼を与え、世界中の自閉症者とその関係者に大いなる希望を与えた。

東田直樹さんと彼のお母さんの業績はなんと偉大なんだろう。

彼は今、日本各地のみならず、世界中で講演するなど積極的に活動している。

２０２１年３月『僕が飛び跳ねる理由』は映画になり、世界中の人々に夢と希望と感動の輪を広げている。

38

赤点ギリギリの試験

高校1年の時のこと、定期試験の前に友達がこんなことを言っていた。

「試験範囲を３回読めば全て頭に入る。念のためにあと2回読んで計５回読むと完璧だ」

にわかには信じられなかったが、自信たっぷりだった。嘘を言うような友人ではなかったので、それならと私も挑戦してみることにした。そこにいたもうひとりの友達も同じ条件で挑戦するというので、３人が5回、生物の試験範囲を読んで試験に挑むことになった。生物の教科書には、覚えなければならない言葉や考えが非常にたくさんある。私は必死に5回読んだ。そしてその試験結果…言い出しっぺの自信たっぷりの友達は…１００点、完璧だ。もう一人の友達は90点…そして私は…45点だった。

私は、どちらかと言えば書いて覚える方だった。ペンでノートに書いて書いて書きまくるくらいで覚えることが多かった。だから時間はかかる。しかし、覚えるのに時間はかかるが、忘れにくい記憶となって残ることに気がついた。覚えにくいが忘れにくい…これも個性ではないか。

学校の先生になってから、この話は子どもたちに受けがよかった。45点という赤点ギリギリの点数も親近感をもって受け入れられた。

第5章

人生を語る　算数に挑む

39 失敗談で始まる25プロジェクト

札幌市長肝いりの25プロジェクト★12で、私は地元のある小学校の5・6年生に算数を教える機会を得た。

65歳の時で、情熱は確かに少し小さくなってはいたが、知識と知恵の蓄積には自信があった。管理職の時も、少しは授業をさせてもらっていたので、楽しみな挑戦だった。しかも、4時間の勤務で45分二コマの授業が多かった。授業のない時間に授業準備と授業の振り返りができる。申し訳ないほど授業に集中することができた。

担当した全ての単元で板書計画づくりができた。板書計画ができるということは、授業の流れのイメージがくっきりとできるということだ。授業の振り返りノートにも、全て目を通してひと言朱書きして子どもに返すことができた。現職の教師にこのような時間的なゆとりは、絶対にあり得ないことだ。

先生方の頑張りもあって、高学年の子どもたちは知的で落ち着いていた。探究心が強い子どもたちも多かった。しかし、表情を硬くして殻の中に閉じこもっているように見える子どももいた。

出会いのはじめに自己紹介として、緊張気味の子どもたちに次のような話をした。

…高校を卒業して、大学の入学試験を受けたんだ。２つ受けたら、２つとも大学に来なくていい…つまり落ちたんだ。次の年、また２つ受けたら…２つとも落ちたんだ。その次の年、半年働いて、４つ受けたら…３つ落ちて、８つめの教育大学にようやく合格したんだよ。８つめ…

…教育大学に入って学校の先生になったら、こんなに素晴らしい仕事ができて、こんなに素晴らしい子どもたちと出会うことができて…

…人生、何があるかわからない。失敗は人を強くする。挑戦することが大切なんだね。人生って何がよい方向に向かうきっかけになるかわからない。だから失敗ＯＫ！…

失敗談を子どもに話すと、子どもは教師に親近感を感じてくれる。尊敬の念がなくなる心配はない。さらにNever say never.！という英語も教えた。決して諦めてはいけない、あなたには可能性があるから、という励ましの言葉だ。

…限界は誰が決める？？？自分だよね。諦めなければ、道は拓けるよ…。
何度も言い続けた。
毎時間の授業の初めに、私はその日の目標を黒板に書いた。
たとえば6年『速さ』の4コマ目なら、黒板中央上に次のように書く。

Never say never！

まちがいOK！
時速、分速、秒速の関係は？
昨日の自分を超えろ！

教室は間違うところ、という当たり前のことを確認しておく必要がある。

いくら間違えていいと言われても、人は間違えたくないものだ。だから間違えたときの適切な対応が必要だ。できれば、この説明をしているときに、教師がわざと間違えて子どもに見せておくとよい。その次に元気の良い男の子が間違えてくれると最高だ。一瞬、教室に緊張が走るが、みんなの笑顔で支えることができる。

子どもは日々成長していく。目標を持たずとも身体や脳は成長していろいろな能力を高めていく。目標を持てば、その効果が絶大であることを短い言葉で伝えておく。このことは日々の授業で実感できるので、毎回必ず
「まちがいＯＫ！」

「昨日の自分を超えろ！」と書き続けた。

そしてNever say never!と言い続けた。

あまり発表できない自分がいるとしたら、少しでも発表しようとしてみるだけで、昨日の自分を超えることができる。時速、分速、秒速の関係を理解できれば、その日の授業をしっかりと理解することができる。しかも間違いＯＫだ。

★12　25プロジェクト
札幌市の小学校で2018年から実施。5・6年生の40人学級を25人程度の少人数に分けて算数をきめ細かく指導しようという教育政策。たとえば学年3学級の場合、学級を4分割にして、学級担任3人＋25プロジェクト要員の4人が指導に当たる。

およそ25人程度で算数の授業を課題探求的に行うことを目的に実施された。

40

毎回、ほぼ全員の子どもが正解にたどりつく授業

25プロジェクトで授業をしていて気がついたことがある。
私の指導を子どもたちは大変喜んで受け入れてくれた。
集中している。
毎回、ほぼ全員の子どもが正解にたどりつく。
だから笑顔になる。
楽しそうだ。

次もがんばると言う。
こんな指導法を、少しでも知ってほしくて文章に残すことにした。

41 授業の進め方

次のように言ってから黒板に教科書の問題を書き写す。
①「先生が黒板に書き終える頃には、自分も書き終えるくらいのスピードを目指しなさい。素早く、ていねいに書きましょう。素早く、雑に、や、ゆっくり、ていねいにならば、誰でもできます。スーパーな6年生を目指しましょう」
②「書き写した人は、立って指折り数えて10回速読《はやよ》みしてください。例示：これくらいのスピードです」（1・5倍速以上）
③「10回読み終わったら座って、式と答え・数直線や図・説明などを書いていなさい」
書くのに時間のかかる子が立って数回読んだらやめる。
視写のスピードと音読のスピードの差を解消する必要がある。

視写に時間がかかる子どもが終わるまで待っていると、早くできた子どもに空白の時間が生まれる。思考の空白の時間が生まれると、子どもは集中力をなくしてしまう。

子どものためを思う親切心が、アダになって子どもをダメにする。

④「勉強に終わりはありません」

これもよく使う大切な言葉だ。終わったら次に何をすべきかを考える習慣が生まれてくる。

42 交流の有効性

授業を進めながら、改めて交流の有効性を感じた。交流には、考え方の交流から教え合いまでの、さまざまな内容やレベルが考えられる。

私は主に、以下の3種類の交流を多用した。

①授業の導入段階で、立って移動しながら交流する。

問題を解く方向性や鍵について、ノートに書いた自分の考えを話し合う。方向性が発見できない子どもも交流に参加してよいこととした。とっかかりのつかめない子どもに、とても有効だった。

②授業の展開段階に交流する。

黒板に出て、説明しながら問題を解いていき質問を受ける。プレゼンテーションのイメージだ。

③授業のまとめの練習問題を解くときに交流する。

先にできた子どもが、苦しんでいる子どもに移動して考え方のヒントを与える。半数に近い子どもしか正解にたどりついていなくても、しかも残り時間が少なくても、なんとか全員が正解にたどりつくことができる。

「子どもがもつ教育力」の圧倒的な威力を感じる瞬間だ。ヒントをもらったとしても、自力で解決できたという充足感が、次への意欲につながっていくことが多い。

気をつけなければならないのは、**〔教える・教えられる〕関係の固定化**。この関係に気をつけて、時にはこの関係を壊しながら、学級作りを進めていけるのは担任だけだ。担任の細やかな心配りが必要になる。この学校のこの子どもたちには、この心配は不要だった。それだけ担任が奮闘して学級づくりをしていたということだ。

43 授業の展開

私は次の①～③のような方法をとった。

①子どもが黒板で発表したり、教師が子どもの意見を拾って板書したりする。できるだけ子どもの考えを知るために、発問や指示に対しての自分の考えをノートにまとめさせる。そして、机間巡視をして指名順を考えておく。

②意見が分かれ、討論に発展すると思考が揺さぶられる。揺さぶられた思考が固まっていくと揺るぎないものとなる。これは自己決定と自力解決の場となる。正解に至る道筋には、幾通りの方法があることも理解することができる。山登りの頂上に向かう道がいくつかあるイメージだ。

③誤答を元に、意見が交わされ正答に至る場合がある。間違えることによって、いろいろな考えが取り入れられて、正しい考え方を身につけることができる。

私はこのような方法をとったが、これはほんの一例に過ぎない。

44
授業の終盤の理解度を確かめる問題

高学年になると思考や計算のスピードが上がっていく。中には、教師よりも速い子どもが何人かいる。ところが、時間のかかる子どももいる。

これも個性だ。

１分かからずに終わる子どもと、５分かけても終わらない子どもの、正答までの時間差を一斉授業でいかに埋めるか。

確かめ問題を解く時、私は次のような二つの方法をとった。

①先着５人に限り丸付けをする。

その５人はミニ先生になり、丸付けと指導に回る。私も指導に回る。

②正解を黒板に貼る。

全問正解した子どもは、ミニ先生になり指導に回る。この時、私ははじめから指導に回る。

どちらの方法も、授業の終わりに時間がないときに有効だ。

ほぼ全員が正解にたどり着くことができる。

45 振り返りの指導

鉛筆の先から煙が出るくらいの猛スピードで書くように指示した。この振り返りについては、自分が読めればＯＫだということも伝えた。

①一文目に、「うれしい」「おもしろい」「やった」「わかった」などの気持ちが表れる言葉を書かせた。

このような感情を表す言葉を振り返りに書く方法は、自己啓発関係の書籍の目標設定法にある。「うれしい」などのプラスの感情を残して次につなげることは、意欲的な好循環をもたらすために必要なことだ。

②二文目に、思ったことの具体例を書かせるようにした。

「…のところで…君の意見を聞いて…だとわかった」のように例示した。「…のところで発表できた」と発表についても価値が高いことを例示した。社会に出ても積極的に発言できる人間に成長して欲しいという思いからだ。

③末文に、「次も発表したい」など、次につながる言葉を例示した。

時間がとれずにここまで書き切れない子どもが多かったが、慣れてくると２分間で１００文字くらい書く子どもが出てくる。平均50文字程度か。

はじめの振り返りの指導に５～６分かけた。２回目以降は３分（書くのに２分、発表１分程度）くらいしか時間がとれなかったが、必ず何人か発表させた。単元の最後の授業では、５分くらい前からこの単元全体を振り返ってもらった。時間がないにもかかわらず、３分ほどで書き終えた子どもに発表してもらうという方法をとった。慣れてきたら、何人か限定してとか、列指名などで途中の子どもにも発表してもらうのもよい。

46 心揺さぶられる振り返り

短い時間であるにもかかわらず、子どもたちは張り切ってよく書き込んでくれた。日常の学級での指導のたまものだ。

単元の終わり、私の授業の終わりに書いたものをいくつか紹介する。

いくつかしか紹介できないのが残念だ。

とても良かった！

タカムキ先生と勉強するときは、算数だけを学ぶのではなく「人生」についても学ぶことができます。限界を決めるのは自分。ぼくは自分の中で常に限界というものをつくりません。限界というものをつくると、そこにしか向かえず努力を怠ってしまうから。限界をつくらないと、努力し続けられるから。6年

楽しかった！

25プロジェクトで速さの勉強をして、わからなくて困ったこともあったし、わかるところは発表できなかったけど、自分に自信がつきました。先生の授業を聞いていて楽しく勉強できました。またタカムキ先生の授業を聞いて勉強したいです。私は算数が苦手で全然できなかったけど、先生の勉強のおかげで算数ができるようになりました。ありがとうございました。6年

さみしいけど楽しかった！

帯グラフ円グラフではミスが多かったけど、まちがいOK！でがんばって手があげられた！四角形や三角形の面積では、初めてやるときは、公式がなかなか思いつかなかったけど、復習問題ではちゃんとできるようになった。そして毎日、昨日の自分を超えることができた。5年

😊うれしい！かなしい！💧
タカムキ先生チームで勉強ができてうれしい！「まちがいOK！昨日の自分を超えろ！」が心に残った。今日でタカムキ先生と勉強ができなくなるのはとても悲しい！💧でも、これからも何の勉強でも「まちがいOK！昨日の自分を超えろ！」をバネにして頑張ります。ありがとうございました。5年

子どもに乗せられて、私も楽しく授業をさせてもらった。
子どもは、先生に元気をくれる。子どもは、先生に喜びをくれる。
こちらこそありがとう💧

47
教師の言葉かけ

子どもは教師に認められることを求めている。教師に認められ、仲間に認められ、それを家族に報告して家族に認められて、子どもは自己肯定感を高めていく。

25プロジェクトの時間講師として、たまにしか会わないからこそできる言葉かけを考えてきた。

すごい！
素晴らしい！
さすが！
最高！
すてき！
この「さ行」の5つの言葉は魔法の言葉だ。さらに、
ありがとう！
いいね！

うれしいね！
えらい！
おめでとう！
おどろいたね！
この「あ行」の６つの言葉も魔法の言葉だ。さらにさらに、
感動だね！
感謝です！
まいったね！
びっくりだね！
・
・
まだまだありそう。
子どもが発表するたびに私が発する、
「素晴らしい！」の声が面白かったらしく、子どもたちがその声をまねて、
「素晴らしい！」と笑顔で復唱してくれて盛り上がることもたびたびだった。
単元最後の授業の終了時に、全員で、

「素晴らしい！」と言った後に日直が最後の号令をかけた。

感動の瞬間だった。

48 能力開発につなげる

重要語句や定義をノートに書き写してから10回音読するときに、必死に暗記しようとする子どもが出てくる。

そのうちに、「先生暗記できた！」という子どもが出てくる。

その重要語句や定義をみんなの前で暗唱させた後、

「こうやって脳を鍛える訓練を積み重ねれば、10回が5回…と少ない回数で暗記できるようになっていくかもしれないね」

と言っておくと、ますます暗記に意欲的になっていく子どもが出てくる。

子どもは、おとなが失ってしまった高い能力をもっている。

国語の教材文は、低学年だと楽しく１００回音読すれば完璧に暗唱できている。そんな高い能力をさらに鍛え、一生使えるものにできないか。たくさん書いたり、何度も音読したりという、一見無駄に見えることが子どもの能力を大きく開発する。これは、インド式算数やユダヤ式教育方法で実証されている。

子どもには、パソコンのＣＰＵや容量にたとえて話すと、かなり理解してくれた。

49 子どもはユーモアを求めている

私はあまりユーモアのあるほうではない。

おとなの会話では、笑わせるというよりは笑うほうだ。ところが子どもの前では、急にユーモアが出てくる。自分ではうまく分析できないが、おそらく地の部分…アホな部分が出てくるのではないか。徹底的にアホになってボケていると、子どもは本当に乗ってくる。これが学習課題の本質に迫るものであればしめたものだ。笑いの中で集中できるからだ。

何も出てこないときは…親父ギャグしかない。

ナンダカンダ言いながらも子どもたちは歓迎してくれる。

——教材ノ本質ヲ追求シ、学ビ続ケレバ勉強ハ楽シインダヨ…と、引いてしまった子どもをさらに押すより、そんなときこそ親父ギャグは有効だった。これは数々の失敗から学んだこと。

子どもをほめるときに、みんなで拍手する。こんな時にも私は「盛大な拍手を一つ！せーの、ポン！」

一つだから、拍手もポンで終わり。リズムもテンポもいいので、たったの5秒で発表した子どもは幸福感に包まれる。★13

ピピタイマーを購入するときに、ホームセンターで面白いものを見つけた。ピピピピという音のリズムを選べるタイプ。私が購入したのは「ピピピ、ピピピ、ピピピピピピピ！」なんと三三七拍子だった。これは子どもたちに大歓迎だった。例えば、ノートに自分の考えを書く時間を5分と決めると、5分後に三三七拍子のピピタイマーが鳴る。

★13　これは松尾式…「100点記念日」の松尾つよし先生から教わった。私の教育実習の指導担当教諭。

50

子どもの名前を覚える

そのために、初日に写真を撮った。

個性が出るように表情を変えてもらった。気をつけの顔より数倍早く覚えることができる。

次の授業までに必死で覚えようと頑張った。65歳のスカスカ頭でも、やる気になれば何とかなるものだ。

せっかく情がつながり、子どもたちがよりかわいく思えたときに、一単元終わると別な子どもたちがやってきた。だが悲しい別れの後には、新たな出会いがある。

異なる個性との出会いは楽しいものだ。

51

教師に時間的ゆとりを

しかし、今の日本の学校で、担任がこのような授業準備をする時間はほとんどない。高学年の場合、英語などで専科の時間が増えては来ているが、空き時間ができても、その時間のほとんどを事務仕事にとられているのが現状だろう。さらに、少人数学級の実現は先が見えてこない。

今こそ、教育にお金をかけるときだと思う。日本の未来をつくっていくのは、今の子どもたちなのだから。

第6章

やっぱりコミュニケーション　国語に挑む

52 まずは音読から

振り返ってみると、子どもの頃、国語の時間に「面白かった！」と思える経験がない。算数数学や、社会などの教科では「面白かった！」と思える経験がいくつかある。だから、新卒の頃、このような授業を目指そうというイメージが、他教科では浮かんでも国語では全く浮かばなかった。先輩がとても素晴らしい授業を見せてくれても、どこかピンとこなかった思いがあった。

「子どもたちが伸びていく国語の授業がしたい！」と思った。とっかかりは、授業の失敗からくる突き上げるような強い思いだった。

国語教育の本を書店で見つけては買ってきて読みあさる生活が始まった。後からわかったことだが、国語教育には流派というものがあり、教材分析の方法から授業の仕方までさまざま、ということだった。しかも戦後55年体制の影響を受けており、その流派には、それぞれに思想的な背景まであることがわかった。

いろいろな本を読んで、私は音読の響く学級をつくりたいと思った。音読が全ての学びの基礎になるからだ。

読めて初めて理解することができる。理解して初めて考えることができる。考えて初めて発表することができる。そして、その読むことの第一歩が音読である。昔から学びのことを『読み・書き・算盤』と言ってきた理由がここにあるのではないか。

江戸時代に寺子屋で行われていたのが論語などの素読だ。声を出してひたすら読む。

『読書百遍　義自ずから通ず』

…いささか無謀な感じはしたが、やってみて驚いた。読解力が格段に向上したからだ。

低学年で教材文を百回音読した学級では、教師からの問いかけへの反応が素早くなる。

「その答えはどこに書いてありますか？」

とたずねると、ページをめくってポンと指さす子どもが出てくる。

高学年では「○ページの△行目のこの言葉から…」と論拠を示しての発言が出てくるようになる。

まず音読の目標回数を設定した。低学年は教材文も短いので、教科書の題名の余白部分に読むたびに一本線を引く。5回で『正』の字になる。10回で(正正)となり、(　)が10個で百回音読達成となる。

中学年では、教材文によって50回〜60回ほどにした。高学年は教材文が長くなるので、30回ほどを目標にした。あくまでも目標だ。目標なので強制ではないが、子どもたちは競うように楽しんで目標を目指した。

音読のやり方は次のようなものだ。

姿勢を正して、張りのある声で音読する。速さはニュースのアナウンサーくらいの速さに設定する。

1年生でも遅い方に合わせることはしない。遅い方に合わせると、ねっぱったような読み方になってテンポが悪い。一語一語、一文一文、教師が範読して子どもたちが音読するという練習を繰り返す。

テン「、」で一拍、マル「。」で二拍休む。教師が範読する、同じところを子どもたちが音読する、という練習を続けると、学級の音読がそろってくる。合唱しているような心地よさがある。

一人で、グループで、列で、男女で交互に、全員一斉に声を合わせてなど、多種多様な方法で取り組む。子ども自身どんどん上達していくことが自覚できるため、意欲的に取り組む子どもが増えていく。

目標回数がはっきりしているので頑張る目標ができる。すると自発的に家庭学習で音読してくる子どもが出てくる。そのことを紹介すると、音読の家庭学習が学級に広がっていく。こうして音読の響く学級ができあがっていく。

さらに100回音読した子どもは、教材文を暗唱することもできている。子どもが持っていておとなが失ってしまった能力だ。私も子どもたちをまねて100回音読してみたが、暗唱することはできなかった。いろいろな教材文で何度も何度も挑戦してみたが…、できなかった。小学生の頃は、劇の台詞を簡単に暗記できていたのだから、成長の途中で失ってしまったに違いない。

ところが、子どものときは、鍛え続けていくと高学年になるにしたがって少ない音読回数で暗唱できるようになっていく。低学年から続けていくとこうなる。だから、運動会や全校朝会などの子どもが行う挨拶は原稿を見なくてもできてしまう。これを中学と高校まで続けていけば、原稿を見ないで、暗記した自分の言葉で語りかけるおとなができるのではないか。

現場報告のTVリポーターが、メモに目を落としながら読み上げているのを見ていると、説得力がなくてとても残念だ。メモを見ずに長い現地リポートをする人を見ると、日本の教育が変われば、このような説得力のあるリポーターも増えるのにと思ってしまう。

例えば元NHK報道の大越健介氏の現地リポートだ。

自分の言葉で、原稿を見ずに静かに訴えかけてくる。人格の奥底からにじみ出てくる言葉の連なりはとどまることなく、テレビを通して見ている者の胸に響いて届く。それは震災の被災した人々の悲しさや苦しさを伝える言葉であったり、戦災から逃れてきた人々の嘆きや憤りを伝える言葉だったりする。

さらに原稿を見ずに語りかけるテレビリポーターには、阿部祐二氏がいる。事件事故などの現地リポートが見事だ。原稿を見ずに自分の言葉でテレビ視聴者に語りかけてくる。わかりやすい説明の言葉が臨場感と共に届いてくる。語りかける言葉の構成が見事だ。

音読を鍛え、暗記力を養う教育を一貫して続けていくことができたら、大越健介氏や阿部祐二氏のように語り続けることのできる人が増えていくだろう。学校で会社で、日本社会の至るところで、心から訴えることのできる語り部が生まれていくだろう。

日本の未来は大きく変わっていくことになる。

53
ひたすら書き写す視写

音読と合わせて、教材文をまるまる書き写す視写にも取り組んだ。

低学年や中学年では、マス目のあるノートを使う。ここで原稿用紙の正しい使い方を教える。題名を書く位置、作者名の書き方、段落の頭下げ、点・丸の位置、禁則処理まで教える。ここまで教えると、作文を書くときの原稿用紙の正しい使い方の指導が終わっている。鉛筆の持ち方から姿勢に至るまで、理想的な姿を目指す。しっかりできている子どもをほめるだけで、学級全体が整ってくる。

ここで注意したいのは、細かな間違いを指摘しすぎないことだ。

鉛筆の持ち方が不自然な子どもでも、挑戦したことをほめ、努力の跡を認め、

「すごい！すごい！」

と驚いていると、より意欲的になってさらにこちらを驚かすことになる。

高学年では大学ノートを使うことが多い。

原稿用紙の正しい使い方も教えるが、あまりこだわらずにひたすら書き続けることを目ざし

た。物語文でも説明文でも、とても長いので全文書き写したら音読10回分や20回分として『正』の字を加えた。

子どもの持っている教育力の中に『仲間に与える刺激』がある。どの学年でも、教材文の全文視写をやってきた子どもには、帰りの会で紹介して賛辞を送った。すると『仲間に与える刺激』の影響で、必ず何人かの子どもが全文視写に取り組んでくる。そして「自分にはできないと思っていたことができた！」という達成の喜びがノートに記されている場合が多い。

新しい自分の発見だ。

さらに、最近の脳科学研究の進歩からわかってきたことがある。集中し続けると、脳の扁桃体がやる気スイッチを入れる働きをするのだ。脳幹にある神経核から神経伝達物質のドーパミンが放出され、前頭前野や扁桃体、即座核、海馬、視床下部などの領域へ伝えられる。15分～20分ほど集中して書き写しているとやる気が出てくる。学級で一斉に視写に取り組むと、15分～20分ほどで子どもたちの様子が変わってくる。若い先生の補欠授業に行ったときに全文視写を行った。

「集中して書き続けていると、脳からやる気のもとが出てくるからね」

こう言って取り組ませた。その先生が教室に戻って来たとき、子どもたちは完全に集中してやる気満々の状態の時だった。

「タカムキセンセー、子どもたちにどんな魔法をかけたんですか？」

若い先生は、受け持ちの子どもたちが魔法にかかったように勉強している姿に感動したようだった。

教師も学んで成長していけば、子どもたちをより幸せにすることができる。その若い先生も、そのようにして成長していった。


音読しながら考える。視写しながら考える。だから考えるスピードが上がっていく。書き写すスピードも上がっていく。字がこなれてくる。低学年でも、教師よりも美しい文字を書く子どもが出てくる。「やればできる！」を実感した子どもはさらに意欲的になっていく。こうして意欲的な学級ができあがっていく。

54

論理的に考える

論理的思考力をどのように鍛えるか？

自分への課題でもあり、日々の授業での子どもたちへの課題でもあった。

一つの物語や説明文を読んで、ある程度の長さにまとめることができたら、論理的思考の出発点に立てたと言えるだろう。そのまとめに対する意見を持つことができたら、論理的思考力は向上する。

例えば、「この物語のストーリーはこうだ。私はこのように考える」という意見が言えるようになる。最終的に、他の人の考えとも合わせて討論することができれば、論理的思考力は磨かれていく。

今求められているPISA型の学力とは、主張できる論理的思考力だ。

例えば昔話の『かぐや姫』はどんな話と短くまとめられるだろう。

皆さんも続きを読む前にぜひ挑戦してみていただきたい。

私は次のようにまとめてみた。

[ ]

多くの男からの求婚を退けて月に帰ったかぐや姫　23文字

物語の第一のキーワードでまとめる方がわかりやすい。第一のキーワードを「この言葉がなければこの物語にならない言葉」とした。★14 この場合は、かぐや姫が第一のキーワードなので末尾に据えた。週刊誌の見出しの文に近いものができあがる。

言葉をそぎ落としていくと、ほとんどこのようなまとめになるだろう。

次に、昔話の『桃太郎』は、どんな話と短くまとめられるだろう。

[ ]

私は次のようにまとめてみた。

犬、猿、キジと鬼をやっつけた桃太郎　17文字
（動物たちと鬼退治した桃太郎）　13文字
「犬、猿、キジ」を「動物たち」という言葉に抽象化してまとめた

桃太郎が第一のキーワードだ。言葉を抽象化できると、いろいろな変化が生まれる。★15
さらに、おとな向けのお話の中から『忠臣蔵』ならどうだろう。

私は次のようにまとめてみた。

主君の仇を討ち本懐を遂げて切腹した四十七士　21文字

四十七士を第一のキーワードとした。
文章をまとめる作業が論理的な思考への出発点だ。

説明文でもまとめる作業が同様にできて、論理的な思考の出発点となる。

２０２２年度から高校国語の選択科目に「論理国語」が新設された。「論理国語」の目的や指導法などへの理解不足からか、様々な意見があるようだが、期待を込めて注意深く見守っていきたい。

★14　物語文や説明文をまとめる作業を要約という。Toss代表の向山洋一氏の実践から学んだ。特に桃太郎の要約は、子どもたちが「こんな面白い国語の授業は初めて！」と感動的に語ることが多い。

★15　言葉を抽象化する方法については、福嶋隆史著「『本当の国語力』が驚くほど伸びる本」から学んだ。

55

テーマに迫る

テーマとは、物語を流れる中心思想だ。

言葉や行動、登場人物の考えなどを抽象化していくことが求められる。

『かぐや姫』のテーマは何か？

平民と貴族のような身分上の違いを、地球上の人間と月に住むかぐや姫に喩えて表現したものだろうか。それともＳＦ物語か。それぞれの読み手の想像力の発露が、楽しい交流につながっていくのではないか。

『桃太郎』のテーマは何か？

桃から生まれた桃太郎が、犬、猿、雉を家来にして、悪い鬼が住む鬼が島から金銀財宝を持ち帰る成功物語だ。勧善懲悪や立身出世などがあげられよう。

『忠臣蔵』のテーマは何か？

主君浅野内匠頭が吉良上野介にだまされ切腹させられる。大石内蔵助をリーダーとして四十七士で仇を討ち、主君の恨みを晴らして切腹するという物語だ。

勧善懲悪や忠義などがあげられよう。大石内蔵助のリーダーシップも重要なテーマだ。実際の国語の授業では、指導時数の関係で、物語文での要約までたどり着けないことが多かった。ましてやテーマに至っては難しいことが多く、課題ばかりが残っている。しかし、このように振り返ってみると、短くまとめる、テーマに迫る、この二つの目標に絞った授業づくりも目指して行けるのではないか。

高学年の授業実践報告の中には、テーマに迫る優れたものがいくつかある。

『スイミー』のテーマ

小学校2年生が学ぶ物語に『スイミー』がある。（レオ＝レオニ作　光村図書出版）

自分だけが黒色という個性的で俊敏なスイミーが繰り広げる物語。あらすじは次。

> 凶暴なマグロに襲われて多くの仲間を失いながらも、一匹だけでも明るく生きる喜びを感じながら、生き残った赤色の仲間達によびかけて、大きな魚のようにひとかたまりになって泳ぐ練習をして、自分が目になってマグロを追い出す。

日本では、この物語のテーマは、『協力』とか『力を合わせること』と言われることが多い。

指導する教師も、学ぶ子どもたちも、『協力・力を合わせることの素晴らしさ』について感想を語り合うことが多い。

ところが外国では、違う見方をするらしい。

この物語のテーマは『リーダーシップ』だと言う。欧米ではほぼ全員が『リーダーシップ』についての物語だと考えるらしい。個性的・優秀・明るさ、勇気、賢さなど、スイミーの特徴の全てがリーダーの条件だと言う。

戦後教育の思想的背景に、問題があったのだろうか。

『リーダー養成教育』は否定され、『底上げによるみんなの学力向上』が大命題だったことによる弊害だろうか。

56 教材分析から発問づくりへ

優れた授業を行うためには、教材分析と発問づくりが欠かせない。

優れた授業とは、子どもが時間を忘れるほど教材文と格闘し、授業後に自分の向上的変容を自覚できる授業のことだ。「これだ！」というような優れた授業はめったにできるものではない。だからこそ、目指す価値があるのだと思っている。

教材分析するために、私は子どもに呼びかけている１００回音読を行う。

１００回音読しても、子どもと違って暗唱することはできない。しかし、何度も挑戦しているうちに、一度読んだだけでは見えなかったものが見えてくるようになる。見ているつもりでも、見えていなかったものが見えるようになる。物語文の場合は、話の筋立て・テーマ・主人公の行動を読み取るための重要語句、情景描写の重要語句などだ。

人物を対比的に取り上げることで、見えてくる物語の構造などのあぶり出し方も学んだ。これらの方法は、たくさん買い込んできた本の中から学んだことが多い。説明文の場合は、論の構成が建築物の柱立てのように見えてくるようになる。物語文でも説明文でも、１００回音読すると、建築物の外観が見え、構造が見え、部屋が見えて、インテリアまで見えてくる。

そうなると、次は子どもに追求させる番だ。

見ているつもりでも、見えていなかったものが見えるようになるまで音読する。この音読を楽しくやる方法は前に紹介した。建築物の外観が見えている子どもに、どんな建物の構造になっているのか見えるように考えさせなければならない。
その時の教師が発する子どもへの問いかけが発問だ。

「『大造じいさんとガン』は何年間にわたるお話ですか?」

椋鳩十作の名作の構造を読み取るための発問だ。大造じいさんと、ガンの英雄『残雪』との戦いを、年ごとに展開される大造じいさんの作戦に名前を付けながら、読み進めていくための発問だ。この発問の後、子どもたちはひたすらページをめくりながら考えていく。

『バスにはミラーがいくつありますか?』

社会科の実践家、有田和正氏の発問だ。生活科が始まる前だから、40年も前の実践だ。この問いかけに応じて、2年生の子どもたちがそれぞれのバスミラーの数を数え始める。路線バスや観光バスによって様々で、ミラーの数は異なる。

発問のねらいは、バスの運転手の仕事を調べさせることだった。どのミラーも運転手の仕事をする上で重要なものだ。乗り込んでくる乗客の安全を確かめるミラー。バスの直前の安全を確かめるミラー。バスを発進させるための安全を確認するミラー…。ミラーの数を問うことによって、実は運転手の仕事をひとつひとつ確認していることになる。

『バスの運転手の仕事は何ですか…』

このように問うても、子どもの思考は深まらない。私は、『バスにはミラーがいくつありますか？』のような、優れた問いかけができる教師になりたいと思っていた。

国語の授業の発問についても、たくさん本を読んだ。優れた実践には、優れた教材分析があり、優れた発問がある。ただ残念ながら国語の授業で『バスにはミラーが…』ほどの衝撃を受けた発問には出会わなかった。

私も、ずいぶん時間をかけて発問づくりに取り組んでみたが、大きな成果と言えるものは残すことができなかった。ただ、子どもと競うようにして取り組んだ100回音読は、私の教材分析力を上げるのに大きく貢献してくれた。

57 PISAショックを乗り越えて

2006年国際学習到達度調査（PISA）の結果が発表された。15歳を対象に実施され、日

本の読解力は15位に落ちた。（2000年は8位）
読解力の低下が大きな問題になり、様々な角度からの提案がなされた。
しかし、直接問題に触れていただくことが、このPISAショックについての理解を深めることになると思う。

PISA読解力の問題（2006年）の代表例を紹介する。

> 問3
> あなたは、この2通の手紙のどちらに賛成しますか。片方あるいは両方の手紙の内容にふれながら、自分なりの言語を使ってあなたの答えを説明してください。
>
> （傍点筆者）

学校の落書きに頭に来ています。壁から落書きを消して塗り直すのは、今度が4度目だからです。創造力という点では見上げたものだけれど、社会に余分な損失を負担させないで、自分を表現する方法を探すべきです。わたしの考えでは、建物やフェンス、公園のベンチは、それ自体がすでに芸術作品です。落書きでそうした建物を台なしにするというのは、ほんとうに悲しいことです。そうした「芸術作品」はそのたびに消されてしまうのに、この犯罪的な芸術家たちはなぜ落書きをして困らせるのか、本当に私は理解できません。

ヘルガ

十人十色。人の好みなんてさまざまです。世の中はコミュニケーション広告であふれています。企業のロゴ、お店の看板、通りに面した大きくて目ざわりなポスター。こういうのは大抵許されます。では、落書きは許されますか。看板を立てた人は、あなたに許可を求めましたか。求めていません。落書きをする人は許可を求めなければいけませんか。洋服の模様や色は、花模様が描かれたコンクリートの壁をそっくり真似たものです。そうした模様や色は受け入れられ、同じスタイルの落書きが不愉快なんて笑ってしまいます。

ソフィア

日本の教育を受けてきたら、おとなでもこの問題の正答にたどり着くのは難しいだろう。ましてや15歳が対象だ。

この時の結果を受けて、有元秀文氏（国立教育政策研究所教育課程研究センター総括研究官）は、明治図書『国語教育』の中で次のように主張している。…筆者要約

PISAの本当の敗因はコミュニケーションだ。

PISAの得点をもっとも低下させたのは、記述問題が無回答だからだ。

国語教師が教えてこなかった3つのコミュニケーション

①読んだことについて、読んだことを根拠に表現させる。

②文章の良さを味わう鑑賞ではなく、文章がよいかどうかを評価したり批判したりするクリティカル・リーディングをさせる。

③教師が用意した唯一の正解でなく、自分独自の他人と違った答を表現させる。

これらはPISA特有のコミュニケーションではなく、欧米社会の母国語教育でごく普通に行われていることである。

数学・理科が世界のトップレベルなのに、読解だけが国際平均並み等という屈辱があろうか。

これは国語教育が国際性を問われているのである。

国語のクラス平均人数は日本38・8人に対してフィンランドは19・5人である。ＯＥＣＤ平均は24・6人であるから、日本は平均より14人も多い。（PISA２０００報告書）

しかし、韓国の学級定数は37・6人と日本と同じように多いが２００３年の調査では、平均得点が日本より36点高く2位に上昇した。

この理由は

①クリティカル・リーディングなど欧米型の国語教育を積極的に取り入れている。

②作文とディベートを強化している。

中身を変えなければいくら授業時間数を増やしてもPISA の得点は上がらないだろう。（週当たり国語の授業数：日本４・６フィンランド３・１韓国３・９）

クリティカル・リーディングに必要な論理的な討議

PISA 調査『贈り物』最後の文がこのような文で終わるのは適切だと思いますか？

無回答率　日本の高校生41％　フィンランド10％　アメリカ8％　世界平均21％

正答率　アメリカ27％　日本12％

日本の生徒がこの問を解けないのは、小学校以来日本の多くの教師が、文章の批判や評価をするクリティカル・リーディングを教えてこなかったからである。評価基準も示されている。論理性を求めている。

①主題との関係

②文章全体の文体との関係

③物語を構成する要素相互の関係

「漠然とした感想」ではなく「明らかな根拠に基づいて相互の関係を明示すること」

日本の中学・高校生がこのようなクリティカル・リーディングができるようになるのはそんなに難しいことではない。なぜなら彼らは国際的に見て読み書き能力としてのリテラシーは高いはずだからである。読んだことについて討論する方法を知らないだけだ。いや教えてないだけだ。

…有元秀文氏の文章を要約して引用

有元氏はさらに、PISA以前から、日本の優れた教師が活発で論理的なコミュニケーションのある授業を行っていたと訴える。そして、明治図書『国語教育』の中で次のように主張していた。少々長くなるが重要なので、次に引用する。

PISAがどういう記述力を求めているかを明らかにするには、自由記述問題の採点基準を見るとよい。日本の報告書では省略されているが英文報告書では正答例と誤答例が列挙されている。

例えば、「落書き」の問3でどのような記述力が求められるかを検討しよう。この問の正答例として挙げられたものである。これらの正答例は、本文を正しく理解した上で、本文に書いてあることを根拠にして自分の意見を述べている。

正答例1：ヘルガに賛成です。落書きは違法行為だし破壊行為です。

正答例2：ソフィアです。なぜなら彼女は芸術を大切にしているからです。

正答例3：両方に賛成です。なぜなら壁に落書きするのは違法行為だからです。でも、この人たちはどこかほかのところで、芸術活動ができる機会を与えられるべきです。

これら三つの正答例とも、自分の常識や体験ではなく、与えられた

①手紙というテキストに書いてあることを正確に理解し

②書いてあることを根拠にして明確に自分の意見を述べている。

この二つの条件さえ満たしていれば、両方に賛成でも両方に反対でも正答になる。

次は、この問の誤答例として挙げられたものである。これらの誤答例はどれもテキストの中

から具体的な根拠が明示されていない。

誤答例1：ソフィアです。なぜならヘルガの手紙は根拠を挙げないで論じられているからです。

この回答には「根拠を挙げないで論じられている」と理由らしきことが書いてあるのだが、欧米人の採点基準では誤答になる。実際にはヘルガはいくつも理由を挙げているので、ヘルガの挙げた理由のどこがおかしいかを具体的に明確に指摘しないと正答にはならない。このような根拠の挙げ方が、日本人と違うところで、欧米人は日本人よりはるかに厳格である。

誤答例2：ヘルガです。彼女の方が詳しく書いているからです。

これは、実際にはヘルガの手紙の方が簡単だから事実に反する。

誤答例3：ヘルガです。なぜなら私は彼女を信じるからです。

このような回答は、主観的で客観的な根拠がないから当然誤答である。

誤答例4：両方です。なぜなら私はヘルガがなぜこう言ってるかわかるし、ソフィアもまた正しいからです。

これも、テキストから具体的な根拠が挙げられていないから誤答である。

誤答例5：ヘルガに賛成です。ソフィアは自分の言ってることに確信を持ってないから。

これも理由は挙げられているが「確信を持っていない」と判断した根拠が、テキストから明示されていない。

　誤答例６：ヘルガです。なぜなら彼女は落書きを書く人たちには才能がある人もいると言っ
　　ているからです。

　ヘルガの手紙には、このようなことはまったく書いてないから誤答である。

　…筆者略…


　次の三点を普段の授業で心がけていただければ、必ずPISAに対応できる記述力が育つ。そういう記述力を身につけた子どもたちは、学校でも社会でも自分の意見を理路整然と述べることができ、生涯で何度もぶつかる困難な課題も仲間と話し合って解決することができるようになる。そうすれば外国人と交流しても誤解されることもなく、なめられたりばかにされることもなく、堂々と自己主張し相互理解しながら合意を形成することができるだろう。

①授業中に教師がオープンエンドの発問をする。
　教師だけが答えを知っていることを聞くのではなく、だれにも答えのわからない課題について考えさせる。しかも、その課題に答えると教材の一番大切なことが理解でき子どもたちも強く興味を持つ発問を考える。
②ノートやワークシートに意見と理由を分けて書かせる。

教えなければ日本の子どもたちは、意見と理由の区別がわからない子どもがたくさんいる。必ず入念に机間巡視して、意見のところに理由を書いていたり、理由のところに意見を書いていたら注意して直させる。

③意見の理由は、必ずテキストに書いてあることを正確に理解した上で、書いてあることを根拠にしていなければならないことを徹底する。

…有元秀文氏の文章から引用

私は有元秀文氏の考えに同意する。

日本の子どもたちは、「国際的に見て読み書きの応力としてのリテラシーは高いはず」つまり文章を適切に理解し、解釈し、分析し、そこから記述し、表現する能力は高いはず、だと私も考える。以前の国際比較テストでは、国語も高得点をとっていたのだから。

だから、クリティカルリーディング、つまり論を分析し、見解や立場の合理性を評価したりするために読むこと、このことがこれからの国語教育に求められている。

これからの子どもたちは、否応なしに世界と接していくことになる。

自己を主張し、共通理解を深めていくためにも、PISAショックを乗り越えていってもらいたいと願っている。

58 子どもの意欲を青天井に

子どもの意欲は青天井だ。

宿題でその意欲に蓋をしてしまわないことが大切だ。ところが最近、宿題を出す学校が増えてきている。

ソビエト時代のロシア人労働者が、労働時間の終了と同時に振り上げていたハンマーを打ち下ろすのを止めて、ノルマの終了だからとそっと置いたという逸話がある。ノルマで縛られていたための、労働意欲の減退の代表例として語られていた。

宿題というノルマには、この逸話と似たようなイメージがある。宿題が終われば、今日しなければいけない勉強は終わりだ。次につながる意欲は育ちにくい状況が生まれる。

子どもの意欲を、次へ次へと青天井の世界へと誘っていく指導が欲しい。そこに科学に裏打ちされた論理性があれば、日本語で論理的に考え主張する子どもが育っていく。

外国人と正々堂々と議論できる日本人が増えていくことを夢見ている。

59

抽象化と具体化

「『本当の国語力』が驚くほど伸びる本」福嶋隆史著に出会ったのは、残念ながら定年退職後だった。そこにはこう書かれていた。

「センスの国語」は、ニセモノです。

「論理の国語」こそが、ホンモノです。

思い起こせば高校生の時、国語の勉強の仕方がわからなかった。

「国語はセンスだよな」ということがささやかれていたし、私もそう思っていた。

そんな時、生きる意味や人生の目標を探してやみくもに本を読んだことがある。取り憑かれたように読んでいった。必死だったんだと思う。中でも『三太郎の日記』阿部次郎著は、背伸びしながら読んだ記憶がある。人生に悩むことが肯定されて、共感しながら読みふけった。さらにいろいろと闇雲に読んだ。

気がつくと国語の試験の点数が上がっていた。やっぱり「国語はセンスだよな」と思った。

ところが、国語の試験の点数は上がったが、論理的思考力がないことに気がついた。雑誌の公開討論を読んだり、TVの討論を聞いたりしていると、どちらの意見も正しいと思えて困ってしまった。要するに論理的思考力がなかったのだ。

福嶋氏は論理的思考力を「バラバラの考えや言葉を整理する（関連づける）ための力」と定義する。

そして論理的思考力をつけるには　①言いかえる力　②比べる力　③たどる力の3つの力をつければ良いという。

①言いかえる力…抽象化と具体化の力

②比べる力…対比関係を整理する力

③たどる力…結びつきを見つけ出し、整理する力

私は、言いかえる力の説明を読んで感動した。抽象化と具体化を使いこなすことができれば、より明晰になると思えたからだ。よく言われる「頭脳明晰な人の表現」に近づけるからだ。

「現職の時に知っておきたかった」と思った。残念だった。しかし、使える道はあるものだ。

教育大学で、教員採用面接の指導をすることがあった。その時に、福嶋氏の著作から学んだ

ことを説明をすると、学生は表情を明るくして喜んでくれた。

自己推薦書が論理的に整理できていない場合、面接の応答も伝わりにくいことが多かった。素晴らしい人格なのに、それを伝えるすべを持っていない。

そういう時には、次のように伝えた。


リンゴ・みかん・バナナ、この3つをまとめて、つまり何と言いますか？

そうですね、果物です。

果物、例えば、何ですか？

そうですね、この場合リンゴ・みかん・バナナです。

『つまり』、とまとめて言うことを抽象化と言います。

『例えば』、と言うことを具体化と言います。（左向きを抽象化・右向きを具体化と動作で示す）

「あなたは食べ物では何が好きですか？」

と面接官から問われたときには、抽象化されたまとめの結論を先に言うとわかりやすいです。

例えば、私は果物が好きです、となります。

そして、中でもリンゴは…その中でも王林は、香りが豊かで甘さと酸っぱさが…と続けることができれば、エピソードになりますね。具体例がエピソードとして鮮明に聞き手に伝わります。

最後に、このように私は果物が好きです、とまとめるとわかりやすいです。

もちろん面接官は食べ物の話はしませんね。だから、自己推薦書に、志望動機がわかるように、抽象化されたまとめの結論を書く。次にその結論の具体例をエピソードを交えて書く。そして最後にまとめとして、志望動機を抽象化された結論として書く。

このように、抽象化と具体化を使うと、その人の人格が見えてきます。つまり自己紹介と志望動機が論理的にまとまっている、とてもわかりやすい自己推薦書になりますよ。


3年生の国語の授業をして、新採用教員に見せたことがある。『言葉で遊ぼう』（明治図書）という説明文だ。授業のねらいは、次のような文章の構造を理解させることだ。

①言葉遊びには、どのようなものがあるか？どのような楽しさがあるか？　…2つの問い
②しゃれ　イクラはいくら？など　…具体例1
③回分　きつつき　しんぶんしなど　…具体例2

具体化→例えば

果物	例えば→	りんご	例えば王林、ジョナゴールド…
		みかん	みかん、例えば夏みかん冬みかんぽんかん…
		バナナ	例えばエクアドル産、フィリピン産、無農薬…

抽象化←つまり

食べ物　つまり←　肉
　　　　　　　　　さかな
　　　　　　　　　果物

果物　つまり←　みかん、りんご、バナナ
　　　　　　　　みかん　つまり←夏みかん冬みかんぽんかん

④アナグラム　くつみがき→実がつく木など
…具体例3

⑤このように、言葉遊びにはいろいろ（この場合は4つ）あり、（4つ）それぞれに楽しさがある。
…2つの結論

すらすら読めないことには、構造などを問うても意味がない。まずは音読から入った。

音読のさせ方の指導にもなる。何時間か音読して、全員がすらすら読めるようになってから、それぞれの段落を要約してまとめていく。上記の①〜⑤まで終わると、説明文を構造的に読み取ることができるようになる。

この構造にしたがって作文を書くこともできることを教える。

①遠足が楽しかった。
②歩いているときの楽しかった具体例

③目的地での楽しかった遊びの具体例
④弁当を食べるときの楽しかった具体例
⑤このように楽しかった…

上記のように作文の型を知ると、作文の苦手な子どもも取り組むことができるようになる。
（読書経験が豊富で、個性的な書き方ができる子どもについてはこの限りではない。）

論理を整理するには、ウインドウズのエクスプローラをイメージするとわかりやすい。食べ物のフォルダをクリックすると、果物・麺類・丼物…のフォルダが出てくる。果物のフォルダをクリックすると、みかん・りんご・バナナ…のフォルダが出てくる。このイメージが私にはわかりやすかった。

しかし、大学生には「ウインドウズのエクスプローラ」と言っても、「何それ？」という反応が多かった。ウインドウズよりスマホを使う世代だからか。

その時には、家→部屋→箪笥のイメージで補足した。

採用面接の場合、このように抽象化と具体化、そのエピソードについて思考をまとめていくと、自分の人格を面接官にくっきりと伝えることができる。

一般的に説得力のある人は、この抽象化と具体化を上手に組み合わせているのではないか。

60 抽象化するには

次の文章は、自分で問題を解きながら読み進めると理解しやすいので、是非やってみていただきたい。

次の①〜④の文は「何」について書かれていますか?

①かぜを引かないようにするためには、大事なことがいくつかある。
例えば、マスク、うがい、手洗い、など…
*答え①

ちなみに、高学年にこの問題で「答えはひらがな8文字」とヒントを出すと、大きく盛り上がる。3文字目は「の」などのヒントも良い。

②食事の時には、食べ物を口に入れたまま話さない、箸で食べ物を刺さない、などが大事です。
答え②

③太郎は仲良しの友達とけんかをしてしまい、しなければよかったと思っている。　答え③
④小学生は、１年生、２年生、３年生、４年生、５年生、６年生と進んでいく。　答え④
抽象的な言葉で、内容を新しく言い換える力は、思考の整理整頓を推進する。ただし、抽象的な言葉を想像することは、高学年であっても小学生にはかなり難しい。だから①の場合、４文字目は「よ」などのヒントも必要になる。ヒントをもらっても、自分で解決したという喜びは大きいので、そのヒントで誰も解決できない場合は、最後の文字は「う」などとヒントを続ける。子どもの追求力を見ながら、ヒントを出していけると良い。

＊答え①　かぜの予防法　答え②　食事のマナー　答え③　太郎の後悔
答え④　小学生の進級順

61
対比と類比

違いや似たところを比べることは、思考の整理につながっていく。

対比とは違いを比べること。反対語とは異なる。

対比

○○先生 ⇕ △△ちゃん

先生 ⇕ 生徒

男 ⇕ 女 （反対語）

おとな ⇕ 子ども

ズボン ⇕ スカート

類比とは似たところを比べること。

○○先生 △△ちゃん

どちらも人間

どちらも同じ教室にいる

どちらも上靴をはいている。

対比は思考を整理し、事柄を色濃く際だたせてくれる。

例：桃太郎 ⇕ 鬼

正義 ⇕ 悪

お供がいる ⇕ お供がいない

きびだんごパワーがある ⇕ きびだんごを食べていない

この対比と類比については、教材分析の本でも取り上げられており、私は授業でも取り上げて活用した。

比べる力がつくことで、子どもの思考はより整理できるようになる。

62

抽象化で論理を整理

…だけど、私は実践できていない。これは中学生以上かな…

次の題材文は「何」を伝えようとしているのか。同様の例を2つあげて200字以内で説明しなさい。

（題材文）

短距離スプリンターの太郎が言いました。

太郎「あーあ。また今日も11秒フラットでしか走れなかった。最近、ひどいタイムばっかり」

次郎「えー？11秒フラットのどこがひどいタイムなのさ。すごくいいじゃないか」

次郎にそう言われた太郎は、反論しました。

太郎「11秒フラットだよ。どこがいいタイムなの。どう見ても悪いでしょ」

まず抽象化

同じ点数でも、（　　　）が違うと（　　　）が違ってくる。

次に具体化

同じ数字でも、価値観が違うと感じ方（評価）が違ってくる具体例を対比で表現する。

例：100万円の月収　Aさんにとっては高い。それに対して、Bさんにとっては安い。

30万円の家賃　Aさんにとっては高い。それに対して、Bさんにとっては安い。

3時間の読書時間　Aさんにとっては多い。それに対して、Bさんにとっては少ない。

私は、以下のようにまとめた。

63

比べる観点をそろえる

価値観が違うと、同じ点数でも感じ方が違ってしまうことを伝えている。

野球のイチローは3割を打っても満足できない。それに対して、新人なら同じ3割でも快挙だ。また、大金持ちにとって10万円の服は安い。それに対して、お金のない人にとって10万円の服は高くて手が出せない。

太郎は目標が高く、次郎は目標が低い。

価値観が違うと、同じ点数でも感じ方が違ってきて当然だ。１７６文字

…だけど、私は実践できていない。これは中学生以上かな…

ここは混雑したデパート。エレベーターとエスカレーターのどちらかで、1階から最上階までいきます。比べる観点を2つ決めて、どちらを選ぶか200字以内で説明しなさい。（観点が理由になる）

①結論が先。
②観点1：待ち時間の長さ。
観点2：途中にできる事。
③再度結論で締めくくる。
私は、次のようにまとめた。

以下の2つの観点で私はエスカレーターを選ぶ。
①まず、エスカレーターには待ち時間がない。最上階に着く時間も予想できる。それに対して、混雑時のエレベーターなら満員通過で長く待たされる事もあり得る。
②さらに、エスカレーターなら他のフロアの様子も観察できるし、連れと会話しながら行く事もできる。それに対して、エレベーターでは無言でいる場合が多く、

> 他のフロアをのぞく事もできない。
> だから私はエスカレーターを選ぶ。　200文字

エレベーターを選ぶ結論でも、観点を整理して書くことができる。

> 算数のテストで計算するときに暗算と筆算のどちらを選びますか。比べる観点を2つ決めて、どちらを選ぶか200字以内で説明しなさい。(観点が理由になる)

①結論が先
②観点1：計算の速さ　　理由1
観点2：計算能力の向上　理由2
③再度結論で締めくくる。
私は、次のようにまとめた。

> 次の2つの理由で私は暗算を選ぶ。
> ①まず、暗算は紙に書く時間を節約できるので素早くできる。それに対して、筆算

には時間がかかり書く煩わしさもある。
②暗算を続けていると、計算能力が向上するという報告がある。それに対して、筆算は丁寧にはできるが能力向上につながらない。
だから私は暗算を選ぶ。　144文字

筆算を選ぶ結論でも、観点を整理して書くことができる。

花鳥風月を楽しみ、四季折々の風景に心を躍らせることを否定しているのではない。あくまでも論理的思考力を求めることの必要性を実感しているだけのことだ。

64 論理的なコミュニケーションのある授業…私の願い…

『池上彰の～の授業』のような『～の授業』というテレビ番組がある。

池上彰氏に限ったことではないが、あれは論理的なコミュニケーションのある授業のイメージにはほど遠い。講師の話題に沿った答えを求めているだけの講話型の授業だ。たまに出演者が質問をすると「いい質問ですね」といって講話をすすめていく。出演者が自分の考えを出し合い、論理的なコミュニケーションを深めて行くということはない。

日本の場合、このような講話型の授業が一般的だ。質問を受けたり、解答を予想させたりするだけでも、一方的に講話を続けるやり方よりは、双方向のコミュニケーションだ。だから、私は双方向のコミュニケーションを求める授業にこだわってきた。しかし、その上の授業があることを知って以来、求める授業の目標が変わった。

「マイケル・サンデルの白熱授業」NHK BS1を見て、私はこれこそ論理的なコミュニケーションのある授業だと思った。大学生を相手にマイケル・サンデルがオープンエンドの問いを発する。その問いに大学生がいろいろと発言を続けて、論理的なコミュニケーションが続いていく。

> 有元秀文氏はPISA以前から、日本の優れた教師が活発で論理的なコミュニケーションのある授業を行っていたと訴えている。

優れた授業の実践報告には、小学生でも論理的なコミュニケーションが成立している。

ある意見に対して、マイケル・サンデルが赤と白の紙をあげさせて、賛成か反対かを表明させた場面がある。

この場面を見て思い出した。

ある意見に賛成か反対かという二者択一の授業場面で、私は子どもたちにこう言うことがよくあった。

「この意見に対して、賛成は◯、反対は×、ノートに書いた人は立ちなさい」

まわりの人に惑わされないよう、先に自己決定の場をつくる。

全員立ち上ったら次のように言う。

「賛成の人は座ります。反対の人は立ったままです。セーノードン！」

これも自己決定を際立たせるための仕掛けだ。

「座った人は青帽子、立っている人は白帽子です」

まわりに流されない自己決定がこの後の盛り上がりに繋がっていく。

「それでは自分の考えをノートに書きなさい」

ノートに考えを書いたら、発表が始まる。

賛成反対がほぼ同数の場合が一番盛り上がる理想型だ。しかし、そうならずに、どちらか一方が圧倒的少数の場合は、私がその応援をすることが多かった。

まずは少数意見の方から発表する。

意見が出尽くしたら、多数の方から反対意見を表明する。

反対意見が出尽くしたら、討論の始まりだ。

子どもたちはこの体育帽をかぶる討論を好んでやった。

少数派になった途端に、勢いづく子どもがいる。「多数の者に負けないぞ」と討論を喜んでいる証拠だ。

理由がある場合には「賛成でも反対でもない」という立場も許した。青帽子と白帽子の端っこを引っ張り、帽子のつばが頭の上にのる『ウルトラマン型』だ。子どもが名付けた。

「賛成でも反対でもない」理由も堂々と説明する。

ある程度意見が出尽くしたら、考えが変わることもよしとした。ただしその場合には、理由を述べることを求めた。考えを変えて理由を述べる姿もすがすがしいものだった。


マイケル・サンデル型の授業は、小学校でもできるのだ。

ぜひ挑戦していただきたい。

教室で体育帽はあまりセンスがよくない。そういう指摘を受けたことがある。それで色別の三角コーンを作ってやってみたが、子どもたちからは体育帽の方がわかりやすくてやりやすいとのことだった。

私たちが目指すべきは、双方向のコミュニケーションのある授業だ。そして、その上の論理的なコミュニケーションのある授業も目指していきたい。『池上彰型』を乗り越え、『マイケル・サンデル型』も視野に入れていきたいものだ。

初めは年に何度かでいい。

挑戦してみる価値は限りなく大きい。

第7章

夫婦の教育談義

65 太陽のように

「両親が学校の先生の子どもって、大変じゃない？」

下の息子が高校生の時に、友達からそう言われたことがあるらしい。息子は、特にそのようなことを感じていたわけではなかったらしく、こう言われて逆に不思議に思ったそうだ。そんなことが食卓の会話に上り、学校の先生って道徳の塊のように思われているのかと、大笑いになった。

我が家は女房も学校の先生なので、二人の息子にとっては父も母も教師だ。

長男を授かってから女房が職場に復帰するまでにわずか10ヶ月だった。当時、育休は1年までで、後期はじめの区切りのいいところで復帰した。

「職場に戻れるのなら、無給でいいからもう少し息子のそばにいたい」

女房はそう言っていた。

産休が明けて職場に戻るとき、早朝に保育園に息子を預けに行く。特に早い出勤時には近く

の実家に預けて出勤した。時には息子の泣き声が耳元から離れずに、

「それがつらかった」

女房はポツリと言った。その後もしばらくは言っていた。

それでも息子を預けたら、その時から頭を切り替えて仕事モードに入ったようだ。母乳を学校のトイレで絞ったと聞いた。夕方5時半頃に退勤して保育園に向かう。それから食事の支度だ。


こんな大変な現実を吹き飛ばすほどに、女房は明るかった。

太陽のようだと思えるほどに明るかった。家庭の忙しさを顧みない夫の私に愚痴を言うわけでもなく、食卓は学校でのでき事や息子の様子など、明るい話題が続いていった。

女房が話題を提供することが多く、私は聞き役に回ることが多かった。

「○○ちゃんがね、こんなことしたんだよ」

女房のクラスの子どもの名前を私が覚えてしまうほど、具体的な話が出てくる。その子のようすも思い浮かぶほど細かく再現してくれた。


子どもが良いことをしたときには二人で喜び、悪さをしでかしてしまったときには二人でそ

の原因を探った。

子どもの良い行いの裏には、家庭での温かい愛と素晴らしいしつけがあるはずなので、息子もそんな子どもに育てたい、と語り合った。子どもの悪さの裏にはどんな要因が隠されているのか、愛情不足ではないか、友達関係がうまくいっているかなど、これを息子に当てはめて語り合った。

学級で仲間の物をとってしまった子には、

「この手が悪い！」

とその行いを叱り、温かく包み込んで人格を否定しないようにしようと話し合った。

この『行いを叱り、温かく包み込んで人格を否定しない』という言葉は、いつしか二人の大原則となった。説教は『夕立ちのように激しく、さわやかに切り上げる』ネチネチと続けないための、これも二人の大原則だ。

「こんなことはもう二度としないでね。あなたのことが大好きなんだから」

女房の現場報告のこんな言葉は、私の胸にも染み込んでいった。

66

子どもが寝入ってから

女房は夕方5時半頃に退勤して保育園へバスで向かう。私はそのあたりの時間からサッカー少年団の指導でグランドに出る。近所に住む女房の母が助けてくれることもあったが、子育てと家事の大半を女房が担ってくれていた。今、振り返ってみると、その時私は自分の仕事に専念させてもらったことに感謝している。今なら完全にアウトだ。

二人目の息子が生まれて4人家族になった。その時も、女房は1年を待たずして職場復帰した。

食事が終わってからも、子育て中は大変だ。そこに学期末の忙しい時期が重なってくる。女房が食卓で通知票の仕事をしていると、長男が遊ぼうとやって来る。仕事にならないので女房は笑いながら、

「家中を10周できるかな？10周し終わってからね」と言う。

息子は相手をしてもらいたいから、勇んで走り回る。そんなに広い家ではないけれど、その

間に仕事が進む。そのあと息子との会話を楽しんで仕事をした…という報告を私が帰宅してから聞く。女房の頑張りで、私は残業をさせてもらっていたことになる。

子どもを寝かしつけるのも、女房がやってくれた。空想の世界の即興の作り話をする。これが子どもたちに好評で、盛り上がっている声が寝室から聞こえてくる。何話も続く冒険シリーズだ。

下の息子が歩けるようになると、息子二人と組んずほぐれつのレスリングのような楽しみの時間が生まれた。息子二人対私の取っ組み合いは、大いに盛り上がって愉快なひとときとなった。その時のビデオが残っている。我が家の宝だ。

食後、私は本を読んでいることが多かった。教育書は私の欲求を次から次へと駆り立ててくれた。読んだ内容を女房に伝えることも忘れなかったが、よく理解できていないところは、うまく伝えられずもどかしい思いがした。

息子二人が寝入ってから、ようやく女房は居間に戻って残業をする。テストのマル付けだったり、学校で分担された仕事だったり、学級通信づくりだったりする。職場に残ることができないため、自宅に持ち帰る女性教師は多い。そのほとんどがサービス残業だということを、その当時の世間の人々は知らなかった。

67

食事中はテレビを

食事中はテレビを消した。
たしか、素晴らしい子育てをしている保護者の話に影響を受けてのことだったように記憶している。これは夫婦二人の共通の考えだった。

食事は交流の場なので、会話から生まれる一体感を大切にしたかった。朝も夜も、なるべく4人で食べるようにした。子どもの日中の様子や、親の目の届かないところでの行動なども知っておきたかった。女房は、話の引き出し方がうまく、良い方に導いていくことができた。おかげで、保育所や幼稚園、小学校から中学校、高校生になっても息子達の友達の名前を覚えることができた。私にとっても大変ありがたかった。

ある夕食時、夫婦の教育談義が盛り上がり、息子二人が「ごちそうさま」をして席を離れた後も、まだ夫婦二人で熱心に話し込んでいたときがあった。1時間は優に超えていたと思う。それが息子達には驚きだったらしく、成人してからその時の想いを聞かせてくれたことがある。話題が何であったかはすっかり忘れてしまったが、そういうことは何度かあったように思う。

68 自分のことよりも

「家庭のことが大変だから、サッカー少年団の指導をたまに休んだら？」

女房から何度も言われていた。転勤を機に次の学校では休もうと考えていた。しかし簡単に休めるわけもなく、お手伝いでかかわることになった。

そんな時に、札幌選抜の代表者から電話が入った。

「札幌選抜の指導の手伝いをして欲しい」

市内150ほどあるチームの中から、選抜された選手を指導する監督からの依頼だった。これを受けると、これまで以上に忙しくなるので、すぐに断った。野心や夢など、私は持ち合わせていなかった。

これで女房は喜んでくれると思って、帰宅後に断ったことを報告した。すると女房は、こう言った。

「あなたの指導の力を認めて誘ってくれたんでしょ」

「なぜ断っちゃったの？あなたの力を試すチャンスじゃない！」

その頃の女房は、旦那がサッカーに明け暮れるのは半ば仕方ないと諦めていたようだ。

この言葉に、私は勇気がりんりんと湧いて来る感じがしたことを覚えている。

この言葉は、私に希望を与え、夢につなげてくれる大きなきっかけとなった。

この時の女房の判断は、私の人生を飛躍的に広げてくれた。

69

心に火が、そして夢が

当時の札幌選抜チームは、選り抜きの選手を集めても、東京に行くと10点位簡単に取られてしまうほどの弱小チームだった。

本州の強豪チームからは、「お嬢さんサッカー」と揶揄され、「選手の素質は素晴らしいんですけどね」などと言われてしまう始末だった。

指導力の無さを遠回しに指摘され、心に火がついた。

本州の強豪と言われる選抜チームは、小学3年生頃から活動を始め、最低でも週に1回以上集まって活動していることを知った。

私は、札幌の少年サッカーの指導者にお願いして、選抜チームの組織を変えた。

週に一度の練習を通年で行うために、指導者を増やし活動領域を広げていった。

後押ししていただいた札幌選抜代表の山吹孝史先生をはじめとして、札幌市サッカー少年団連盟の方々には感謝の思いで一杯だ。

そして、東京やサッカーどころの静岡県清水市、藤枝市などへの遠征に行く度に、名刺交換をして指導法について尋ね続けた。そのうちに名刺交換は必要なくなり、顔見知りも増えてきた。静岡県の名門、藤枝ＦＣとは毎年行き来して、ホームステイを交互にするほどの厚い交流ができた。

お世話になった山崎七郎先生からは、

「高向さんはすごいなあ。サッカーどころの藤枝で優勝するほど強くして、いろいろなチームの指導者とも名刺いらずで、すっかり札幌の顔になっている」

と、藤枝市の大会に同行していただいたときに、過分なお褒めの言葉をいただいた。

札幌市サッカー少年団連盟会長としてお力をお貸しいただいた元札幌市議会議員だった方だ。１９９５年には遠くミュンヘン市まで、姉妹都市交流の一環で団長としてご同行いただいた。あの時も、世界のトップクラスのドイツの、しかもミュンヘンの強豪チームに勝つことができて大変喜んでいただいた。大変懐かしい思い出となっている。

女房が札幌選抜指導の後押しをしてくれたおかげで、私の人生は大きく広がることができた。一度ついた火は、やがてたいまつとなり、夢を明るく輝かせ続けてくれた。

改めて感謝している。

70 夏休みなのに、弾丸ツアー⁉

選抜チームの指導にかかわってからは一層忙しくなった。

学校の先生・サッカー少年団のボランティア・選抜チームのボランティア、3つの役目をこなしていたことになる。25日間ある夏休みも、ほとんど休みが取れそうもない。

私が不在の時、女房の友達が電話で、

「うちの家族と一緒に旅行に行くかい？」と、心配して声をかけてくれるほどだった。

長男6歳次男3歳の夏休み、試合に負けた翌日、2日間の休みが突然訪れた。

この時しかない、と一泊二日の家族旅行に行くことにした。

日高のテーマパークでのんびり遊び、夕方、新冠町の判官館キャンプ場で一泊した。急いでテントを張って焼き肉をしたが、暗くなりかけていた。近くでどこかの子ども会がキャンプファイヤーをしていたので、すみっこに座って見物させてもらった。

「お父さん、キャンプファイヤーってすごいね！」

長男のその一言がいまだに忘れられない。燃えさかる炎を見つめながら、家族は夏の一夜を楽しんだ。満天の星空も息をのむほどだった。

翌日早朝、あたりを散策し、朝食を済ませて三石海岸まで行って海遊びをした。潮風と波に心を奪われてから、次の目的地の登別に向かう。日帰り温泉で疲れを癒やして、自宅に戻る頃には、すっかり日が暮れていた。

家族の温かさがあらためて心にしみた『一泊二日の山・海・温泉ツアー』だった。

弾丸ツアーが各方面で語られた頃の昭和の一コマだ。

71 家族の一大事

当時の学校は、土曜が半日勤務で、土曜の午後と日曜はサッカーの試合などに割り当てられていた。平日の夕方は、ほとんどのチームが練習していた。月曜日は、土日に試合が多いために練習を休むチームが多かった。市内の選手を集めるにはその月曜日が都合良かった。

ある月曜日の夜、市内の私立高校サッカー部の夜間練習場に行って練習をしていた時のこと。女房からその高校の事務を通して電話があった。当時はまだ携帯電話もなく、女房は苦労して電話をかけてきたようだ。

「長男が髄膜炎になって緊急入院することになった。すぐに帰って来て欲しい」

ところが、その日は近くに予定している本州遠征の説明会も兼ねており、保護者が市内から集まっていた。プリントは用意してあったが、説明内容は私の頭の中にしかない。若手に任せて抜けるわけにはいかなかった。

「ごめん、戻れない」

この言葉が、女房には予想外だったようだ。

暗い沈黙が流れていく…。

数日後、息子は元気になって退院できたが、家族の一大事に力になれなかったという想いは重くのしかかった。


一年後、今度は女房が髄膜炎になって入院してしまった。その時も私は不在で、入院のことを長男に説明すると、

「お父さんはラーメンしか作れない！」と落ち込んだという。

大事なときに家族のそばにいてやれず、申し訳ないことをしてしまった。それなのに文句を言わずに、仕事やボランティアに没頭させてくれた女房と息子達に感謝したい。


サッカーの試合に負けてしまうと、私は落ち込んでしまい、自分のまわりが暗くなった感じがしていた。昼間なのに真っ暗になったようなイメージだ。こんな指導が足りなかったのかな…。あんな練習が…と、力なく帰宅すると、女房はこんなことを言った。

「暗いのはあなたの中だけ！世の中は、いつもと変わりなく明るく動いているのよ」

こんな当たり前の現実も、突きつけられないとわからなかった。

女房は、私が負けて帰ってくると、心なしかうれしそうだった。少なくともその日は、もしかしたら明日も、旦那が家にいるかもしれない…と、考えたようだ。

72 女房の進路

女房は市内の小学校教諭として働いていた。

学年が終わって子どもたちを手放すときは、大抵大勢を自宅に招いてカレーライスパーティーをしていた。ゲームや会話で盛り上がり、愉快な時が過ぎていった。私の学級の時も、女房はカレーライスパーティーをして盛り上げてくれた。

そんな女房が担任を離れて教務主任になった。職員室での様子を報告してくれるので、仕事ぶりが手に取るようにわかる。担任や学年からの相談や報告に対する対応は、素早く的確だった。私は当時教頭だったので、教務主任の大変さはよくわかっていた。日常の、または事件や事故の、対処の仕方や裁き方は私よりも上手だと思った。

ちょうど管理職試験を受け始め、教頭になってもテキパキと対応できる管理職になるだろうと思っていた。

ところが突然、

「管理職試験を受けない」と言い出した。

その頃女房は、教務主任以外の仕事も重なり、多忙を極めていたようだ。札幌市教育委員会の教科書選定委員や図工の教科書関係の仕事など、家族にすら内緒にしなければいけない仕事を担っていたらしい。

そんな大変多忙なときに、縁あって母校の女子中学高校での美術教師の職があるという。

「子どもと一緒にいたい。母校の中学高校の生徒に美術を教えたい。人間教育もしたい」

女房の言葉に圧倒されながらも、私の説得は続いた。素晴らしい管理職になれると考えていたからだ。

幾晩かそんな話し合いが続いて、私は女房の強い思いを尊重することに決めた。

推薦していただいた学校の校長先生には、女房が丁寧に説明して納得していただいたようだ。

小学校で子どもたちを引きつけてきた力量を生かし、母校の中学高校で、生き生きと楽しむ美術教師としての生活が始まった。美術を教えながらも人間教育を忘れず、生徒の気持ちを引き出そうと奮闘する姿は、毎晩の夫婦の教育談義に花を添えた。

第8章

管理職として

73

教頭になって

教頭になったとき、尊敬する大先輩から手紙を頂戴した。初めて卒業生を出したときに教頭だった工藤實先生からだ。

ここに紹介する。

三月二十四日の新聞で人事異動の中に貴君の名を見いだした。心が躍った。鉄北小時代を思い出した。おれには畏敬の人物、密かに喜んでいた。

昨夜、古い文書から過去を回想していたら同封の拙文が出てきた。区の月例の校長会に仲間に配った記憶がある。型破りの校長とみられていたようなので、はたして何人が本気で読んでくれたものやら…今朝五時に目が覚め…貴人なら読んでもらえそうなので、届けることとした。

敬意を込めて

百％信頼している爺がいる

自信を持って貴志を貫かれたし
フルート楽しんでおられるかナ？
平成13年6月2日
工藤　實
高向教頭どの

同封の文書をここに紹介する。

「とび」の舞いからの随想（現地学習同行記）
59・9・20　五年生の現地学習、七年生（担任外のこと：筆者注）からは小生の付き添いの番であった。休んでいる先生があって、その方も気になったが（小生は可能な限り補欠要因の一人として学級に赴くことにしているので）五年生と同行した。目的地は千歳・沾小牧である。サントリープラントを見学した後、美々の貝塚に行く。ここは小生も初めてである。四つのクラスの各担任はそれぞれに遺跡の説明文を解説して聞かせ、実物を見学させながら、説明していた。小生は一通り見た後、貝塚を保存する建物を出て外のベンチに腰を下ろす。

「秋日和　美々の丘陵　とびの舞う」

時折すぐ近くを列車が通り、千歳空港離着の航空機が低空を通過するが、そのあとは「静かで広大な丘陵」となる。近くに塵芥処理棟があり、カラスも群れているが、かなりの数のとんびがゆったりと羽を広げて中空に輪を描いている。

初めて見る美々の貝塚にもそれなりの学習はあったが、ぼんやりとこのとんびの舞いを眺めていた時間にすごく貴重なものを感じた。広大な丘陵地帯という環境、快適な初秋の気候と清しい空気、そして静寂。バスの中で思い返していた昨夕の通知票検討会のことも、子どものこと、仕事のこともすっかり忘れていた時間。

「草に寝て　おもうことなし　我が額に　糞して鳥は　空に遊べり」

啄木の唄が頭をかすめる。

いつか印象深く読んだ八木重吉の詩を探した。

あかるい日、よい日／こころをてのひらにもち
こころをみていたい
赤とんぼがうかんでゐる／ため息のように流れている
ばったよ　一本の茅をたてにとって／身をかくした

その平安を　わたしにわけてくれないか

悠然と羽を広げて滑空しているとんび

太平洋の海岸が、今は内陸になっているこの丘の近くまで迫っていたという。貝塚の物語る何万年の歴史の流れ、これを知るや知らずや、ただ輪を描いて舞っている。平和である。無心である。

鉄筋の硬い建物の中で、時間に追われてあくせくしている毎日。これゆえに静かで無心な一瞬を貴重なものにさせるのだろう。それにしても、こうした「ゆとり」「間」を適当に与えて欲しい。たいせつにしたい。

この後、地層の学習をしてから、苫小牧工業港を一巡、フェリーターミナルで昼食、苫小牧市営の緑ヶ丘公園から港を含めての市を鳥瞰して、一路帰校したが、小生にとってはとびの舞いをぼんやり見ていたあの時間を最大の収穫として日記に記した。

北海道通信　安鉄五の「私の書斎から」にあったが、兵庫県の八鹿小校長を最後に退職した東井義雄氏が退職の前日校長室で何度も読んだという村野四郎の詩

鹿

鹿は森のはずれの　夕日の中にじっと立っていた
彼は知っていた　小さい額が狙われているのを
けれども彼に　どうすることができただろう
彼はすんなりと立って　村の方を見ていた
生きる時間が黄金のように光る
彼のすみかである　大きな森の夜を背景にして

しかし東井氏は、この後の一日一日こそ「人生の卒業」へ向かってのかけがえのない一日一日だと言っている、とのこと。

いずれにしても、時間や空間は人の心により価値が決まる

うれしかった。

ありがたかった。

お世話になった当時は、若気の至りでずいぶんご迷惑をおかけした。にもかかわらず、こんなに喜んでくれて、身が引き締まる思いに包まれながら、返事の手紙を書いた。文学や哲学に

も造詣が深い大人物だった。趣味のフルートのことも覚えていてくれた。

敬愛する
工藤　實　様

謹啓
お手紙ありがとうございます。大変うれしく、ありがたく、そして考えさせられながら、何度も何度も読ませていただきました。

返事が遅れましたのは、忙しかったばかりではありません。その内容の重さ故、私自身の中に、反芻し消化する時間が必要だったからです。生来、頭の回転が速いほうではないので、自分のものにするまでに時間が必要なのです。

お許し下さい。

さて、私にとって工藤　實　大先生は、大先生と呼べる数少ない尊敬している大人物であります。その大先生から

祝意をこめて
百%信頼している爺がいる
自信をもって　貴志を貫かれたし

とのお言葉をいただき、身に余る光栄であります。

つつ、毎日毎日を精力的に生きております。

「子どもが幸せになる学校づくり」が現在の私の夢です。その夢に向かって進むために、管理職試験を受けました。幸い、教育委員会は私に教頭職を与えてくれました。そのことに感謝しつつ、毎日毎日を精力的に生きております。

さて、東井義雄氏の名を見たときに、鉄北小時代に角邦喜先生に勧められて読んだ『村を育てる学力』を思い出しました。心に残っている氏の主張はだいたい以下のようなものです。
「今まで育てた子どもたちは、村を捨てて都会に行ってしまった。学力をつけることが村を捨てることにつながってしまった。学ぶことが村を育てることにつながらなければならない」
このような主張ではなかったかと思います。誠実な人柄と真摯な教育観に心を打たれた記憶があります。

とびの舞に心を奪われた先生の心情……雄大な時間、空間と比べて
　　　　　　　　　　　　　　　　　　ちっぽけな人間の存在
啄木の歌…………………………………おおらかな想い
八木重吉の詩……………………………平安に対する渇望
村野四郎の「鹿」………………………人生についての究極の問いかけ
東井義雄…………………………………死を意識下においた生の重さ

哲学的、文学的なことを話題にする教員がめっきり減りました。先生からのお手紙によって、覚醒された感があります。

私もこのひとときを大切にして生きていきたいと考えております……が、これがなかなか難しく至難の業です。

精一杯精進いたします。

御身大切になさってお見守りください。

謹言

74
教頭の仕事

「教頭職と校長職は180度違う」と言われる。
隣で見て来たはずなのだが、ずいぶんと違うものだ。

私は教頭を5年間務めた。
5年は確かに長かったが、肝を据えるには充分だった。何か事件事故が起こるたびに、自分が校長ならこう対処するだろうという方針を持って校長に報告し、連絡し相談した。しかも、小学校には元気な子どもたち数百人が活動している。安全対策や危機管理対策を尽くしていても、事件事故は起こる。何事も起こらない平和な日がないくらいに次から次へと起こることもある。その度ごとに担任や学年に指示を出し、校長に報告して、学校として組織を動かしていくのが教頭の仕事だ。

75 教頭の一日

はじめはわからないことだらけで、校長先生にも職員にも迷惑をかけた。

「教頭職は体力勝負だよ！」「セブンイレブンだよ！」

教頭になってすぐの頃、先輩から言われた言葉だ。はじめはよくわからなかったことも、言葉の意味がだんだんとわかってくる。

朝の７時には牛乳が給食室に来るので、それまでに出勤して学校のカギを開けなければならない。その後、全ての教室、全ての特別教室、全ての教材室など、校舎の隅から隅まで回って異常の有無を確認する。教頭は学校中のすべての物や事柄を把握していなければならない。ひと月もたつと、数年勤務している職員よりも、何がどこにあるのか詳しくなる。そんな朝の巡回をしていると、出勤の早い教員がどんどん仕事をし始める。早朝は仕事がはかどるというのだ。

職員朝会の前に、校長に前日の報告をする。簡単に終われる日は前日が平和だった日だ。長くなるときでも、その日の方針を確認しておく。事件や事故の報告の後、このようにしたいという方針が校長と一致しないことがたまにある。その時は話し合いになるが、校長の方針に従うことがほとんどだ。校長の意をくんで、教頭から職員に説明することになる。自分の頭を校長の思考に寄せることが必要になる。職員や保護者は管理職のことをよく見ているので、校長と教頭が一枚岩であることを感じてもらわなければならない。

授業が始まると各教室を回ることにしていた。私は教務主任と回ることが多かった。一つの教室にいるのは30秒くらいか。子どもの様子や担任の様子がよくわかる。良かったところは職員室でなるべく早めに伝えるようにしていた。問題点と感じたところは、作戦を立てて伝えなければならない。担任に受け入れられなければ逆効果になるからだ。教務主任と一緒に歩いて感想を話し合うだけで、二人の価値観がそろっていくことがうれしかった。

職員室に戻ってからは、教育委員会に提出しなければならない文書の記入や、学校課題を解決していく上での方針作成、保護者対応、児童対応…じっとしている暇はなかった。

給食時間の前に、教頭にだけ一人分の給食が運ばれてくる。教頭の検食だ。

「あらー、教頭先生だけ早弁ですか？」

事情を知らない保護者が来校して、珍しがって声をかけられることが多かった。私はいつもこのように応えていた。

「江戸時代の毒味と同じです！お殿様に何かあってはいけないので、先に食べて確認するんです。学校は子どもがお殿様だから、教頭が先に食べて安全を確かめているんです」

保護者は、子どもたちがこうやって守られていることが確認できて笑顔になった。

ただ、一人で食べるのはつまらなかったので、半分だけ食べて残りを職員室のみんなと食べることが多かった。

午後も同じように仕事が続く。会議のある日が多く時間をとられる。共通理解しながら進んでいくためには必要なことだが、削減できないかという話は、いつでもどこでも出てきていた。

子どもが下校し、会議も終了した後の職員室は賑やかだ。私は賑やかな職員室が好きだった。学校の先生というのは、どんなときでも子どものことを話題にする。寝ても覚めても、飲んでいる時でさえ、気がつけば子どもの話になっている。

以前、『中学生日記』というＮＨＫの番組があった。職員室では、いつも子どものことが話題になり、若手はベテランに教えられ、ベテランは若手のエネルギーに触発され、子どもを温かく見つめる番組だった。あのような炉辺談話的な子どもの話に花が咲くのが好きだった。

ところが今は、職員室で響くのはＰＣのキーボードをたたく音だけ、という話をよく聞く。私も、職員室の炉辺談話で成長し、居酒屋で教えられて鍛えられた。だからこそ、今の職員室を憂う声に同調する。若手を育て職員の輪を強くする炉辺談話の復活のために、知恵を絞らなければならないと思う。

「教えてください」

教頭職は複雑で多岐にわたっており、最初はわからないことが多かった。そんな時は少年サッカーでもお世話になった滑川敏昭先生に電話をかけた。

「それはね。あの冊子の、この部分に……」とていねいに説明してくれるので、大変助かった。教頭になってからも助けてもらうことができて幸運だった。

最終退勤の前に、校舎を一回りして施錠と消灯の確認をするのも教頭の仕事だ。担任外の人と曜日を決めて分担している学校もある。真っ暗な中を懐中電灯とマスターキーを持って回る校舎は、木造でも鉄筋コンクリートでも、あまり楽しいものではない。回っているうちに考え事をしてしまうことが多く、施錠忘れを見逃すことがたまにあった。そんな時は、警備日誌に「○階の△教室の◇側窓、未施錠」と書かれてあり、大いに反省させられた。

そうこうしているうちに、教頭の長い一日も終わりとなる。私は普段は8時頃に帰路につくことが多かった。聞くと、もっと遅くまで学校に残っている教頭仲間が多くいた。今振り返って、よく体がもったものだと、丈夫な体に生んで育ててくれた両親に感謝している。

「教頭職は体力勝負だよ！」

当時はまさにその通りだったが、今はずいぶん改善されてきたようだ。

仲間内では「教頭職はセブンイレブン」という合い言葉があった。朝7時に仕事を始め、11時に仕事が終わるという意味だ。

ドイツのミュンヘン市から何度も札幌に来てくれていたサッカー関係のドイツ人にこの話をしたら、

「それはクレージーだ、そんなに仕事があるはずはない。仕事をしているふりをしているか、居眠りしているかのどちらかだろう。」というようなことを言われた。

今、働き方改革が行われている。

76
教頭が変われば…

「教頭が変われば、学校が変わる！」

講演者の力強い言葉に、あっけにとられ、少しの間を置いて会場はどっと笑いに包まれた。

教頭会全国研修大会、『北海きたえーる』に集まった数百人の日本全国からの参加者を前にして、有名な映画監督の講演の始まりの言葉だった。

「教頭が力を発揮すれば、学校を変えることができる。だから、頑張れ！」という激励の内容だったと記憶している。講演者本人が、参加者の反応に一瞬たじろいだように見えたが、講演は淡々と進んでいった。

「そんな、ご冗談を！」という雰囲気の反応だった。

「校長は学校を変えることができるけれど、我々教頭にはね」

文字化はされないけれど、そういう空気が流れていることは確かだった。

しかし、それ以来、この言葉が私の中で何度も蘇ってくるようになった。自分を変えていくことができれば、職員もきっと喜んでくれるだろう。

教頭職は修行の連続だ。

自分にとって不向きで弱いと感じていた分野の仕事でも、笑顔できっちりこなさなければならない。研鑽、錬磨という言葉が必要になるほど、真正面から向き合っていく必要がある。そう考えてから心持ちが軽くなっていった。

「学校は何もしてくれない。子どもの登下校に不安があるのに、先生はなぜ見守り活動をしてくれないんですか?」

保護者から電話で抗議を受けたことがある。そんな時は、いくら忙しくてもじっくりと話を聞くことにしていた。空き教室などに来てもらい、直接話を聞くことが多かった。30分くらい訴えを聞くと、こちらも説明することができる。担任を含め教職員の忙しい状況を説明すると、「先生って、そんなに忙しいんですか！」と理解してもらえる。

抗議をしてくるくらいだから、意欲も行動力もある。学校課題解決のための協力者となってくれる場合が多かった。


職員ともよく話し合った。

用務員室には、なるべく顔を出し、仕事に対するねぎらいの言葉を伝えるようにした。学校の保守、維持、管理の専門家だからだ。警備の仕事までこなしてくれる。給食室にも行くようにはしていたが、女子トークの苦手な私は、パワーに圧倒されることが多かった。それでも私の胃袋は給食のとりこだった。

担任が職員室に戻る夕方には、こちらから話しかけるようにしていた。おとなのジョークがあまりうまくないので、どちらかと言えば聞き役の方が多かったようだ。

このように、教頭時代、私はコミュニケーションを深めることができた。話し合うと見えてくることがある。同じような絵が見えると共通理解だ。理解し合えると信頼関係が生まれる。

そして情がつながる。それは大きな力となり、支えとなった。

77 教頭と校長の違い

ギリシャ時代のお話
王様の地位を玉座とも言う。

ダモクレスという人が、玉座にあこがれて王位の幸福をほめそやした。

すると王様は喜んでダモクレスを玉座に座らせる。

ダモクレスは、おおいに喜んで命令を出したり、おいしいものを食べたり飲んだりする。やはり玉座は素晴らしい、王様の地位とはこのように素晴らしいものなのだ、と思いながら、ふと上を見上げるとそこには………。

天井から剣が…ダモクレスの頭の真上に、今にも落ちてきそうな程細い馬のしっぽのような糸で結ばれて、ぶら下がっているではないか！

このお話を『ダモクレスの剣』と言う。

玉座に座る者の命の危険や責任の重さについての説話だ。

私も教頭時代、ダモクレスのように校長の座にあこがれた。ところが、隣で見ていてもわからないものだ。校長は最終決定権者としての孤独や苦悩にさいなまれる、ということがわからなかった。校長には、後《うし》ろがいない、後《あと》がない、この決定が組織の決定になる。組織を守る決定になっているか、仲間を裏切ることにならないか。悩みが尽きることはない。

しかし、私には仲間がいた。懸命に支えてくれる教頭先生をはじめとした仲間がいた。子どもの幸せに向かって進んでいく、この基本方針に沿っていけば迷うことはあまりなかった。ただ、事を進める上では肝を据えておく必要があった。

教頭の時も校長になってからも、『ダモクレスの剣』のことはよく思い出していた。

78 校長と社長

校長になる前から、京セラ元会長の稲盛和夫さんの本をよく読んでいた。勉強になることが多かった。

あるとき、稲盛和夫さんが全国の社長さんと対話して指導する『清和塾』に、勤務校のPTA会長が参加していることを知った。経営者が会社を守り、発展させるという守勢の難しさに苦しんでいる事を知り、勉強会に参加させていただいたことがある。

稲盛和夫さんはその時は来られなかったが、経営者が会社を守り発展させるために、どれだけ苦悩しているかの一端に触れることができた。会社には大勢の従業員がいる。そしてその家族もいる。社長が判断を誤って会社が傾いたりすると、その従業員や家族が路頭に迷うことになる。常にその苦しみと闘いながら、間違いのない判断をしていかなければならない…という、気迫に圧倒された。

稲盛和夫さんは、大学を出て小さな会社に勤めた。その後、仲間と京セラを創設して数年後社長になった。苦しい中で社員と徹底して話し込んだという。やはり、とことん話し合って理解し合うことが大切だ。

氏は数々の名言を残してきている。中でも私は次の二つが好きだ。

「世の中に失敗というものはない。チャレンジしているうちは失敗はない。諦めたときが失敗である」

「より良い仕事をしていくためには、自分だけのことを考えて判断するのではなく、まわりの人のことを考え、思いやりに満ちた『利他の心』に立って判断すべきです」

校長も会社経営者と同じだと思う。方針を誤れば、子どもが幸せになれない。保護者も職員も幸せになれない。挑戦し続け、『利他の心』を忘れずに進んでいこうと考えた。

79

情報の共有化

私は情報を共有化して、同じ方向に向かう学校組織を作りたかった。

そこで、この「情報の共有化」という常識的なスローガンを一歩進めてみた。職場で働く者全員が同じ情報を持つことはできないか。

保護者からのクレームも知らせる。クレームの原因となった教員の行動についても知らせる。

どのように知らせるか？

私は教頭職5年目の時、校長への報告・連絡・相談を文書で行った。これは大変有効だった。校長がその文書『業務報告』を読めば、前日の様子がわかるようになっていた。Ａ4半分で終わる日もあれば、Ａ42枚以上の大量の報告を載せなければならない日もあった。しかし、その『業務報告』は全ての記録になった。事件や事故の時の教育委員会への報告などは、コピーアンドペーストで簡単につくることができた。だから、大変だとは思わないで1年が過ぎた。

校長になり、教頭にその仕事を引き継いでもらって数ヶ月過ぎた頃、ふと頭をよぎったことがある。

「この『業務報告』を全職員に読んでもらったらどうなるだろう？」

まず教頭に相談した。

次に担任外に相談した。

そこで出した結論は「隠した方がよい内容の場合はカットして出そう」だった。

全て実名での報告のため、管理には慎重にならざるを得なかった。しかし、職員は大変歓迎してくれた。

学校の状況がつぶさにわかる。

問題点がわかる。

改善の方向も見えてくる。

事件や事故の時に用務員もすぐ力を貸してくれる。危機管理対策上も用務員は最高の人材だ。

そして何より、組織の一員としての自覚の高まりを得ることができる。

職員の意識のベクトルは一気にそろっていった。

最終的には、情報をカットして載せたことはほとんどなかった。極端に言えば、人事情報以外は全て共有できることがわかった。

職員を信頼したからこそできたことである。そして職員は、管理職が信頼して情報を共有しようとしている姿勢を高く評価してくれた。

80

クレーム対応の原則

これはあくまでも私見だ。

きっとより良い方法は他にもあるだろう。そういう観点で読み進めていただけるとありがたい。

教頭は防波堤、校長は最後の砦…学校のイメージは大海の孤島

「社長を出せ!」というクレームに「はいどうぞ」という会社はない。あったらとうに潰れている。

「校長を出せ!」というクレームに「はいどうぞ」という学校もあってはならない。校長は最後の砦であることを自覚すべきだ。最後の砦であれば、軽々しく出てはいけないと考えた。砦が崩れるわけにはいかないからだ。

会社にはお客様相談室という部署があって、クレームはそこにつながるようになっている。学校も組織防衛を考えるなら、担任外がお客様相談室を担当するくらいになって行かなくてはならない。防波堤の前のテトラポットの役だ。

学校にもお客様相談室を設置する方向で動けないだろうか。自分が防波堤やテトラポットの役を経験したからこそ見えてきたことがある。ここからは、このような組織的対応ができるのではないか、という提案だ。

81 クレームには組織で対応

クレームを受けた担任は、学年主任か教頭に直ちに報告する。素早い対応が鉄則なので、絶対に報告も対応も遅らせてはいけない。報告を受けた教頭は直ちに次のような指示を出す。
①電話で家庭訪問する旨を伝える。内容については会ってから話すように伝える。
②学年主任と担任と担任外の３人で家庭訪問し玄関で面談する。（場合によってはメンバーが変わる。原則的にはこの３人）
③じっくり訴えを聞く。決して途中で話を遮ったり、反論したりしない。ほとんどのクレームは、じっくりと訴えを聞くだけで解決してしまう。
④謝るべきところは謝る。襟を正して謝罪するか、軽く謝るかはその場の雰囲気で判断する。謝ることで関係が円滑になっていくことが多い。
⑤「かえってこちらの方こそすいません。私どものために、担任外の先生までお越しいただいて…」という言葉をもらえたら成功だ。
「この件については、全て校長に報告します」と保護者に伝える。校長が関与していることを

示すことで、保護者は安心することが多い。

⑥保護者が納得しないときには、平行線にあるその状況を確認して帰ってくる。次は教頭の出番になる。平行線は、次の交渉の出発点だ。現場の責任でおかしな妥協をしない。防波堤の教頭が出ても平行線の時には、最後の砦の校長の出番だ。

⑦最後には親と同じ方向を向いて帰ってくる。その子どもの良いところをほめ、「この方向で進んでいきたい。」とまとめる。保護者と教師とは、子どもを育てる協力者だ。同じ方向を向いている、ということを確認して帰宅する。

⑧学年主任は、ことの顚末を電子データにまとめて教頭に渡す。教頭は翌日の『業務報告』に載せる。事務職にも用務員にも読んでもらう。情報の共有化だ。何かあったときに協力してくれることになる。

82 クレームをもらわない方法

私はクレームをもらわない方法に気づき、それを『ボウズ・アバタ理論』と名付けた。

◇『坊主憎けりゃ袈裟まで憎い』…という心境になった保護者の心理…
「うちの担任は、わが子をかわいがってくれていない。このままではわが子がかわいそうだ。…でも我慢…我慢…。」

担任からは突然爆発したように見えても、その前に我慢があることを学校は忘れてはならない。そして坊主が憎くなり、その袈裟までが憎くなってしまう。

「うちの担任は、テストを返すのが遅い。話し方も変！あの服装も嫌い！」…となってしまう。
◇『あばたもえくぼ』…という心境になった保護者の心理…
「うちの担任は、我が子をとってもかわいがってくれる。我が子は愛情に包まれて幸せ者だ」

担任が多少おかしなことをしてしまっても、「あの先生のすることだったら問題ないわ。だって、うちの子をかわいがってくれているもの」…となることが多い。
◇『学級の全ての子どもを一人一人心底かわいがること』
これができれば、クレームが来ることはほとんどない。

（このことに気づく前には、子どもにも保護者にも迷惑をかけたことがある）


さらに、子どもが良いことをしたときは、間髪を入れずに連絡をするとよい。この場合は、電話でも、連絡帳でもよい。喜びは、何度でも分かち合った方がよいからだ。

83

保護者は消費者？・神様？

　最近の学校に対するクレームを聞くと、これでいいのだろうかと思う。自分が育てた子どもを預けている学校に、こんな言い方をしていいのだろうかと思う。『人質として学校に取られている』と保護者が考えていた数十年前には考えられないような勢いだ。保護者のクレームには、理由があるのだろう。その前の我慢もあっただろう。それにしても…と思うことが多い。

　もしかしたら、保護者は学校を単なるスーパーのような小売業としか見ていないのではないか。だから、

「パンを買ってきたら中味はこんな物だった。どうしてくれる！」

というスーパーへのクレームと同じように、

「学校に子どもを預けたらこんな扱いをされた。どうしてくれる！」というクレームになってくる。

　このようなクレームに対して、学校が考えなければいけないことがある。それは、保護者は

単なる消費者ではないということだ。保護者は、子どもを産み育て、学校に預ける。学校はその子どもを集団の中で育てる。とすると、保護者と学校とは目的を同じくする協力者のはずだ。

パンの場合は、原料の小麦を育てるのは農家だ。その小麦を粉に挽いてパン粉にするのは製粉業者だ。焼いてパンにするのは製パン業者だ。売るのはスーパーだが、消費者はここまで一切関与していない。だからクレームに正当性が生まれる。

84

子どもの幸せを願う

しかし、クレームの発端となった子どもを育てたのは…。

子どもを育てた責任を度外視して、「すべての責任は学校にある！」と言いきれるだろうか？

ならば、保護者と学校が同じ方向を向くことで解決できないだろうか？

「我が子を幸せにしたい！」という保護者の思いと、

「この子を幸せにしたい！」という学校の思いをすりあわせること。

そのことがこの問題を解決する唯一の方法だ。

保護者は単なる消費者ではない。だから神様でもない。

学校に非がある場合なら、謝罪が必要だ。しかし非がない場合には、保護者の意見をしっかりと受け止めた上で、共に進んでいく事を大切にしたい。

保護者と学校とは、子どもの幸せを願うという、目的を同じくする協力者なのだから…。

85
理を尽くすと、情がつながる

いくら論破されても、自分の論理が粉々に打ち砕かれても、人間は簡単には動き出せるものではない。「でもね、気持ちがね…」と、残された情の部分が行動にブレーキをかける。そういうことはいくらでも経験した。人間は論理的に理解できても、情が伴わなければ動き出せないものだ。

情で寄り添うために必要なことを四つあげてみる。きっと他にもあるだろう。

①笑いの中で…あまり得意な方ではないが…

人は笑った瞬間に相手を受け入れる準備をする。笑いの中に話が進行すれば、相手に受け入れられることになる。『お笑い芸人がいい人に見える』のはこの現象なのだろう。

②相手の主張を受け入れる

「…だから、このように考えたのですね」と受け入れる。すると「この人はわかってくれた」という温かい感情が生まれる。情で繋がった瞬間だ。この発想はコーチングの手法から学んだ。学んだことを実践していった。実践していたつもりだが、果たして自分のものになったかどうか…。

③コミュニケーション

情で繋がるにはコミュニケーションが不可欠だ。この常識を一歩進めたのが、教職員評価という制度だ。全職員と面談せざるを得ない状況になって初めて、「この面談によるコミュニケーションが有効だった」と認める管理職が多かった。

ならば積極的に一歩進めることも必要だ。日常的な面談の実施だ。小規模校や中規模校ではとても有効だ。私も中規模校ではずいぶんと面談した。成果や問題点が浮かんできて、次の目標が見えてくる。

ところが大規模校では職員数が多く、教職員評価の面談すらもままならないことが多い。札幌一のマンモス校で校長だったとき、休み時間や放課後だけでは面談時間が確保できずに、授業を自習にしてやらざるを得ないときがあった。子どもを自習にしながらでは、成果や問題点についてじっくり話し合うことなどできないことが多い。職員とのコミュニケーションが不十分な中で、職員には迷惑をかけてしまったと思っている。

超過勤務削減の動きの中で、勤務時間外の面談設定ができなかったことも大きい。

④同じゴールに向かって

『子どもが幸せになる学校づくり』これは私の目指すゴールだった。だから、保護者と話し合うときも、保護者の思いと私のゴールをすりあわせていけば良かった。問題があって対立しているように見えても、話し合いの中で情のつながりを感じることが多かった。

職員とも、情のつながりを感じることができれば、チームが一つになっていく事を実感することができた。

理を尽くすと、情がつながる。鬼に金棒だ。

86 子どもの意思を尊重すると…

「子どもの意思を尊重しています」

「子どもが学校に行きたいと言うまで、登校させません」

ある幼稚園の卒園生の保護者から聞いた言葉だ。話し合ったが、充分わかってもらうというところまでは行けなかった。あまり押しすぎてもいけないので、保護者の意見を充分に聞いた上で、こちらの考えも伝えた。

そのままにしていては子どもの幸せにつながらないので、考えをまとめておくことにした。


はたしてこの保護者の考えは正しいのだろうか？

まず『子どもの意志』について考えてみる。（便宜上『子ども』を誕生から成人までと規定しておく。）

赤ちゃんは、誕生と同時に泣き始める。『泣くのが赤ちゃんの仕事』と言われるほど泣いてばかりいる。その泣き声を聞いて、親は「おなかがすいたかな？」とか、「どこか具合が悪いかな?」と、赤ちゃんの気持ちを推し量る。赤ちゃんは、自分では何もできないので泣いて訴える。親は「おっぱいかな?」「おむつかな?」と考えて世話をするしかない。あたかも赤ちゃんが王様で、親は家来のように見える。赤ちゃんのうちは、『子どもの意志』が最優先だ。『子どもの意思』をくみ取って保護者が行いを決定していく。

小学生は遊ぶのが大好きだ。「今日は一日いっぱい遊んでいたい!」と『子どもの意志』を主張してきたら、『子どもの意志を尊重する保護者』は認めざるを得ない。コーラ飲み放題やケーキ食べ放題も『子どもの意志』になってしまう。行動の決定権も子どもにある。それでいいのかな?

成人の前の日は、成人していないので子どもだ。成人前の子どもが、「勉強したくない」「仕事もしたくない」「酒を飲んで暴れたい」と『子どもの意志』を主張するとき、『子どもの意志を尊重する保護者』は酒を飲んで暴れる子どもを認めざるを得ない。法に触れる行いだから認めるはずがないとは思うが…。それでいいのかな?

子どもの意思は、尊重しながら育てていくものではないか。保護者と子どもが、共に考えを出し合いながらはぐくんでいくものではないか。最終的な決定権は、子どもの将来を案ずるおとな、保護者や教師が持つべきなのだ。

ずーっと遊んでいたい

という思いを保護者が我慢をさせる。この時に決定権は保護者にある。もちろん話し合いは必要だ。すると、

我慢することで気持ちがよくなる

という経験をする。これが自分自身を律すること、自律への第一歩だ。

少しくらい体がだるくても学校に行ったら楽しい

という経験をする。

初めはやりたくなくても、やっているうちに勉強も楽しくなる

という経験をする。

我慢する、乗り越えると気持ちがよくなるという体験を重ねていくことが大切だ。

もどかしい表現だが、当然のことではないか。

子育てが上手な親は、子どもの意志を尊重しつつも、あたかも子どもがそう望んだかのように親の意志の方に導いていく。**決定権を子どもに譲っていく過程が見事**なのだ。そうやって**自律させ、自立させていく**。

指導力の高い教師も、子どもの意志を尊重しつつも、あたかも子どもたちがそう望んだかの

ように道徳的価値の高い方向に導いていく。そうやって見事な学級を作り上げていく。子どものうちは、意思の決定権はおとなの側にある。それが直接出てくるか、陰に隠れているかという導き方の違いだけではないだろうか。

87 勇気づけは子どもに活力を

『7 おねしょ』のような『勇気づけ』の大切さを痛感することが多かった。私は、ヒューマン・ギルド代表取締役岩井俊憲氏の『勇気づけ』に感銘を受け、教育誌に寄稿した。一部加筆修正して、次に掲載する。

植物が太陽と水を必要としているように、子どもは勇気づけを必要としている。不幸にも、最も勇気づけの必要な子どもが最小のものしか得ていない。それは、その子をさらに落胆へと押しやる反応を私たちがするように、その子が振る舞うからである。

ドライカースというアドラーの弟子の言葉だ。

勇気づけとは、困難を克服する活力を与えることだという。

ところが、勇気づけの必要な子どもは困難な状況を生きており、振る舞いそのものがネガティブになりがちだ。挨拶ができなかったり、ありがとうがなかったり、素直な気持ちを伝えられなかったりする。一つ一つ指導していくとそういう子どもは反抗的になりがちで、結果的により溝を深めてしまうことが多い。指導する側もその子どもとの隔たりを大きく感じて、次の指導を躊躇してしまいがちになる。

『勇気づけ』どころか、ダメ出しによる『勇気くじき』になってしまう。

どうしておまえはそんな態度をとるんだ。そんなことではまともな人生を送ることはできないぞ。

ダメ出しは、やられてみると分かるが、言われれば言われるほどその内容が気になって、ますますダメになることが多い。考えてみれば、教育現場においてダメ出しがどれほど多いことか。我慢しているつもりでも、かなりのダメ出しが多いのが常だ。言葉には出さなくても顔に出る、態度に出る…。

『勇気くじき』は、困難を克服する活力を奪ってしまう。

次は『勇気づけ』の7つの方法（岩井俊憲氏のまとめによる。）

①ヨイ出しをする。ヨイ出しの反対はダメ出しである。

②感謝する。「ありがとう。助かった」という感謝の言葉は相手と対等の目線である。

③プロセスを重視する。結果に至る過程での地道な努力を重視する。

④達成できている成果を認める。ほんのわずかでも達成しているところは何か、に視点を置く。

⑤失敗を受け入れる。失敗の肯定的な側面はチャレンジの証・学習のチャンスである。

⑥相手に判断を求める。失敗を受け入れられる人は、頭ごなしに決めつけるのではなく、相手の立場に共感しながら相手に判断を求めることをする。

⑦『私メッセージ』を使う。「私はうれしい」「私は支持している」というような、私からのメッセージを使う。

困難を克服する活力を与える指導の広がりを願う。

『勇気づけ』から得られる太陽と水は、困難を克服する活力をもたらすことができる。

88　特殊教育から特別支援教育へ

「こんな簡単な問題ができないのなら、特殊学級に行け」

転勤してきた年配教師の大声が廊下に響いた。凍り付くような冷たい声だった。困っている子どもに冷たく言い放った言葉に、我を失いそうになったことを今でも忘れることができない。

「こんなこともできないあの子は、特殊学級に行った方がいいわよね」

職員室でひそひそと話す声を聞いたこともある。

札幌市内の各区にわずかしか特殊学級がなかった時代。さげすむ心が言葉になり、冷たい鉛のようなものが、学校の一部に、本当の一部にではあるが、厳然と存在していた。

ところが、尊敬する教師は、常々諭すようにこう言ってくれていた。

「勉強がわからない。友達がうまくつくれない。何をやってもうまくいかない。そういう子どもたちのためにこそ、我々教師は存在しているのではないか。優秀な上だけ引っ張って、落ちこぼれる下を見捨てるようでは、教師の風上にも置けない★16」

職員室の炉辺談話だったり、居酒屋での教育談義だったりで、若手は教育のなんたるかを教えてもらっていた。ほとんどの教師は、温かく子どもを見つめ、子どもの成長を喜び、導くことの喜びを語ってくれていた。

ＡＤＨＤ（注意欠如・多動症）だけでも成人の３〜４％と言われている。その他の発達障害も含めると、子どもの数％が何かしらの学びづらさを抱えていることになる。

文部科学省の調査によると、以下のことがわかった。

「全国の公立小中学校の通常学級に通う児童生徒の８・８％に、発達障害の可能性がある」（朝日新聞２０２２年12月14日）

特殊教育と言われた時代、通常の教室には様々な子どもが存在して成長していた。２０２２年現在でも、支援を受けられない子どもは４割ほどいるという。

★16　新卒の頃から大きな力をいただいた角邦喜先生が、口ぐせのように言っていた言葉。居酒屋での教育談義は、子どもへの愛につながっていった。

89 子どもを大きく伸ばす特別支援教育

２００７（平成19）年、学校教育法の一部改正により「特別支援教育」が位置づけられた。「特別な場」で行う「特殊教育」ではなく、特別な支援が必要な子どもに光を当て、成長を支援する教育が全ての学校に移行した。

札幌市でも、ほとんど全ての学校に特別支援学級がつくられていった。

その特別支援学級の先生の中に、素晴らしく子どもを成長させる教師がいる。

初めて校長になったとき、その学校に特別支援学級ができた。毎朝の教室訪問で驚いた。朝の会の進行はもちろん、学習の時間も子どもたちがしっかりしていた。背筋がピンと伸び、表情が明るかった。

朝の会が終わると、靴下を脱いで裸足になり、教室をぐるぐる回るランニングが始まる。10分以上も軽快な音楽の中で走り回っている子どもたちを見ていると、意欲的なことに驚く。楽しそうに走っている子どもたちの表情が明るい。苦しそうな顔の子どもがいない。そして走り終わった後のクールダウンもストレッチを交えながら軽やかだった。すっきりした表情が印象的だ。

通常の学級でも、子どもに意欲を持たせることが一番難しい。意欲を持たせることができれば、後は子どもが自分で伸びていく。特別支援教育で子どもたちが意欲的になることに、不思議な思いを感じながら、感動していた。

この学級では、10人ほどの子ども全員が25メートルを泳いだ。これも驚きだった。私は高年を受け持つと、子どもたち全員を25メートル泳げるようにしたいと思っていた。中には、息継ぎなしで必死に25メートルを泳ぎ切った子どもがいた。しかし、学級全員が25メートル泳ぎ切ったことはなかった。それをいとも簡単に成し遂げてしまう特別支援学級に、私は大きな敬意を抱いた。

通常の学級で、どうもうまくいかない5年生の男の子が「特別支援学級にちょっと行ってみたい」という。楽しそうに活動している特別支援学級の子どもたちを、休み時間などに見ていたようだ。そういう交流はとても素晴らしいことなので、保護者の了解を得て、一週間ほどの通級となった。

朝のランニングは、「苦しいけれど、みんな走っているので頑張ったら、すっきりした」と言う。エネルギーを発散して心地よくなるようだ。

家庭科の調理実習で、この5年生の男の子がヤカンにびっしり水を入れてきた。「そんなにびっしり水を入れたらダメだよ」と、特別支援学級の男の子が教える。「温まると水は膨張するし、沸騰してボコボコになってこぼれるからダメなんだ」

知識の豊富な特別支援学級の子どもが教え、通常学級の子どもが不思議そうに教わっている。この知識の豊富な子どもは、中学校から通常の学級で学ぶこととなった。自分をコントロールすることに難しさを感じていたようだったが、それを克服していったようだ。

現在は、理科や社会科など、ある特定の教科だけ通常の学級で学ぶ交流教育が各学校で行われている。

90

子どもに直接対決しない…いなして導く

子どものワガママに対しては、「対決する方法」と「いなす方法」とがある。

対決する方法は、厳しく、負けずに、温かく包み込む。

「いけません」

「ダメです」

「そう!それは素晴らしい!」

ここまでは理解できる。一般的に行われている「対決する方法」だ。

では「いなす方法」とは、どのような指導方法か?

特別支援学級で見て感心してしまった方法だ。

ワガママを主張する子どもが廊下に座り込んでしまった。「いなす方法」を上手に使いこなす教師は、

「よっこらしょ!」と明るく抱きかかえ、

「はい、はい、はい、はーい!」と後ろから押し始める。

遊び感覚の指導なので、座り込んでいた子どもは、押しくらまんじゅうでもしているかのように楽しく歩き始める。そして、目的地に到達する。

かけ算九九の学習でも、この遊び感覚の「いなす方法」は有効だ。３～４人でカルタ取りのように遊びながら覚えていく。「シ・ゴ」と教師が言うと、四の段の答え９枚の札が置かれた机の上の紙札から、20と書かれた紙札を競って取る。その紙札の裏には４×５と書かれている。

通常学級でも使える「いなす方法」が、特別支援学級にはふんだんに詰め込まれている。

思い返してみると、私もずいぶんいなしていたな…。


子どもの成長を促すという意味において、特別支援教育と通常学級で行われている教育とに違いはない。

階段を昇っていくことを教育に喩えてみよう。通常の段差では昇りにくさを感じる子どものために、段差を思い切り低くして昇っていくのが、特別支援教育ではないか。

教育の出発点は、成長の喜びを共に分かち合うことだと思う。どんな小さなことであっても、できなかったことができるようになる喜びを、子どもと、まわりの仲間と、保護者と、みんなで分かち合うことに向かって進んでいきたい。このことを念頭に置くと、教育の基本は、特別支援教育と通常の教育に違いはないはずだ。

第9章 大切なこと

91

センセー、ホントニワカラナイノ？

「これは、なんですか？」先生が子どもたちに投げかける言葉だ。

私は調子に乗って、お笑い芸人のような妙なイントネーションをつけたりして子どもたちに問いかけた。もちろんへたを承知だ。へたでもこれをやると、子どもたちは喜んでくれた。

ある時突然

「センセー、ホントニワカラナイノ？」と、低学年の子どもが言ってくれた。うれしかったが、突然の突っ込みに返した言葉がこれだった。

「先生は、わかっていることをわからないふりをしてたずねるのが仕事なんだよ」

「フーン、ソウナンダ！」その子は妙に納得したようだった。

その後もずーっとボケることが多かった。反応の速い子どもからは、

「マタマター、先生ボケてるー！」という声がよく返ってきた。

正解を押しつけるより、一歩引いてボケたほうが、子どもが食いついてくるという感覚は、実に得がたい快感だった。

92 教師五者論…先生の仕事は、学者・医者・役者・易者・芸者

一　教師は学者のように学べ

私は学者のように学んできた、と自信を持って言えるほどではない。しかし、学ぼうと努力はしてきた。教育書は単価が高い。発行部数が限られているからだ。そんな本をまとめて何冊買ってきても、女房は文句を言わなかった。今思えば感謝しかない。教育書を読み、教室での実践に生かしているつもりでも、授業の腕が上がっていく実感はなかなかつかめなかった。それでも、塵のような努力でも積もればやがて山となる日が来るものだ。

学んできた成果は大きかった。

二　教師は医者のように診よ

「元気、はつらつ！」や「ファイト、一発！」などのような子どもは幸せだ。

気力と体力が充実して飛び抜けて明朗だからだ。ところが学校教育の中では、学力やコミュニケーション力なども求められる。

まとめて言うと、気力・体力・学力・コミュニケーション力・正義感・明朗さなどの要件を全て兼ね備えているような子どもは、学校生活で大きなストレスを抱えずに楽しく進んでいくことができる。これらの力がそろっている子どもは、バランス良く育っている。保護者の愛を一身に受けてのびのびしている。学力はそれほどではなくても、その他の力が満たされていれば、生き抜いていく力は十分だ。

学力向上が第一命題なので、学力にはもちろん注力した。しかし、子どもを診る場合、気力・明朗さなどが気になった。この2つが不足すると、コミュニケーション力が落ちていってしまうからだ。つまり友達ができない。ポツンと一人でいる子どもを見るのは悲しかった。

「子どもをだっこしてあげてください」

保護者にはよくお願いした。保護者の愛情が不足すると、気力と明朗さが不足する。子ども社会で孤立してしまう恐れがある。

1年生や2年生だと、休み時間には子どもがあふれるほど私のまわりに近寄ってくることがある。そんな時に私は、椅子に座って右の膝の上に2人、左の膝の上に2人、左右の背中に1人ずつ、合計6人の団子状態をつくった。

幸せだった。

その様子を見て近寄れない子どもがいると、引き寄せて交代して団子状態第2弾を始めた。

今教室では、先生が子どもにふれることは御法度だそうだ。なでる、引き寄せる、ハグする…スキンシップを全て否定された中で、果たして教師は子どもを正しく診ることができるのだろうか。

三　教師は役者のように子どもを魅了せよ

学習発表会の劇指導には力が入った。しかし、自分には役者の才能がなかったので、子どもたちを魅了したとは言いがたい。ただ、ボケることは得意だった。

他校の授業公開で、授業している先生のボケ方がうますぎて、見ている私まで「この先生本当にわからなくなっている？」と思うことがあった。こういう役者のような教師になりたいと思った。

さらに、子どもが間違って悪さをしてしまったときの説教は、真剣に叱らなければならない。怒らず、冷静に、厳しく叱らなければならない。振り返って考えると、役者だったのかな…。

ほめるときも、子どもを魅了するように、大げさに心からほめるようにした。これは、役者を意識しなくても、心から感激してやっていることが多かった。

ボケる・叱る・ほめる…私が一番楽しんでいたのかもしれない。

四　教師は易者のように子どもの未来を見よ

この言葉に出会ったときは驚いた。

指導記録簿、通知票、指導要録、教師は様々な場面で子どもたちの記録を残していく。子どもの未来が見える教師になりたいと思った。少なくとも現状がこうなのだから、このように努力していけば、こうなれるのではないか、ぐらいは言えるようになりたいと考えた。

おかげで、未来の姿を考えて今なすべき事を考えること、そういう習慣はできたかなと思っているが、易者になることは、できるわけがなかった。

五　教師は芸者のように子どもに寄り添え

この場合の芸者とは、相手に興味を持たせ、楽しませる人という意味らしい。言いかえると、教師は、興味を持たせ、楽しませる人のように子どもに寄り添え、となる。

そのために教材分析をし、指導計画をつくり、指導案を練り、授業を見てもらい、批評をもらうという研修を、何度も経験してきた。何度やっても極めることなどできない奥深いものだ。

一番勉強になったのは、自分の授業のテープ起こしだ。自分が思っている何倍も、無駄なおしゃべりが続いていく。その無駄なおしゃべりを文字化していく作業…脂汗を流しながらの作業を経て、指導の言葉が磨かれていった。

なれない、とは思いつつもいつも頭にあった『教師五者論』。近づこうとするだけで楽しみが増える言葉だった。

93
初めての給食

食べることが大好きなので、私は学校給食をとても楽しみにしていた。

朝の会の前に給食便りを見て、

「おっ！今日は味噌ラーメンだね」

私がそんなことを言うものだから、子どもたちもとても楽しみにしていた。

学校給食は、化学調味料を極力使わない調理法で、優しい味に仕上がっている。大釜になぎなたのような大きなへらなどで調理をする。大釜は、温泉にある壺湯のような大きさだ。自校で調理している学校では、2時間目くらいから、食欲をそそる良い香りが教室に届いてくる。

特に、一年生初めての給食の日には、朝から子どもたちもニコニコ笑顔が多かった。

「この学校の給食は、特においしいんだよ！」

担任が宣伝するものだから、食の細い子どもも期待に胸を膨らませていた。ましてや体の大きなともやす君は、上の前歯2本が抜けたかわいい顔を笑顔で膨らませながら、授業の途中に言った。

「センセー、キュウショク、マダア？」

「まあだだよ。待てば待つほどおいしくなるからね」

まだ2時間目の途中なのに、そんな声を聞くのも嬉しいものだ。かわいくてこちらもつい笑顔になってしまう瞬間だ。

当時の1年生は、時計の見方がわからない子どもが多かったので、

「長い針と短い針が12のところで一緒になったら、給食の準備を始めるからね」と勉強に戻る。ところがともやす君は、どうしても給食が待ちきれないらしく、

「センセー、キュウショク、マダア？」とまた聞く。子どもらしいかわいさがあふれていたなあ。

1年生の給食は、子どもの動きと配膳方法と注意事項を事前に説明する。そして、さらにまた説明しながら行う事が多かった。幼稚園等で経験してきた子どもが多いとは言え、新しい動きを理解してもらわなければならない。

「オイシイネ。センセー、ホントニオイシイネ」

慣れてきたらグループに交じって私も食べるのだが、初めの時だけは立って全体を見守らなければならない。

94 配膳と後片付け

配膳や後片付けの時に活躍するのが、家庭でお手伝いをしている子どもだ。

手際の良さと仕事の丁寧さが断然際立つ。例えば、白玉団子を一人4個皿に配る場合には、一目で4個とわかる生活力が必要になる。ほかにも布巾でテーブルを拭くためには、水に浸して洗って絞って折りたたんで、それから拭く。短時間で手際よく仕事のできそうな子どもを入学式からわずかの日数で数人見つけておいて、先生のお手伝い係に任命する。みんなお手伝いがしたいので、任命されなかった子どもは我慢だ。我慢しながら手際の良さを学んでいく。お手伝い係が何度か変わったら、当番活動へと進んでいく。

まず、どの学年でも「いただきます」の目標時間を設定する。配膳の時間を短くすることができれば、食べる時間にゆとりが生まれる。当然、後片付けの目標時間も設定する。続く掃除時間や休み時間の確保のためだ。

素早く丁寧にという行動目標は、日本文化の大切な要素の一つではないだろうか。

95 楽しく食べるために

低学年では、食の細い子どものために「少なめ」や「ひとくち」と、盛り付け量の要望を認める事が多かった。「完食しなければ」というプレッシャーからの解放は、子どもの笑顔につながった。

「少なめ」で食べ始めたのに、おかわりする子どもも出てくる。食の細い子どもにとって、「今日はおかわりしてきた！」という保護者への報告は、家庭全体を温かくする。そして、自信を持って行動する子どもになっていくことが多い。

ザンギやフライなど一人1個のものは、欠席者がいると余るので、希望者が前に出てきてじゃんけん大会となる。完食していることが条件なので、元気者の大盛り上がりとなる。負けてしまって涙目になってしまう子どももいる。その子どもの人生にとっての、初めての挫折なのかな…負けることも生き抜いていくための試練になるぞ…ちょっぴり大げさだけど、人生ドラマのひとときであることは確かだ。

4～5人グループの形にして食べることが多かった。私は日毎にそれぞれのグループを渡り歩いた。会話を楽しむ給食にしたかった。帰宅後の様子や、日頃の楽しいことなど話題は尽きなかった。口数の少ない子どもには、こちらから話しかけるようにしてグループの話題に引き込んでいくようにした。なぞなぞやしりとり遊びも喜んでくれた。

96　宴会？　レストラン？

2年生の担任の時、元気な男の子が牛乳パックを持って前に出てきたことがある。牛乳パックの口を全開にして、右手を腰に当ててがぶがぶ飲み始めた。

「イッキ！イッキ！イッキ！」

手拍子と歓声の中で、牛乳の一気飲みだ。子どもの宴会が始まる。別な子どもが出てきて、黒板用の1メートル定規をマイクスタンド代わりにして歌を歌い始める。そうちゃんだ。

♫今日も元気に　ドカンと決めたら　ヨーラン背負って　リーゼント♫

横浜銀蝿の『ツッパリ　ハイスクール　ロックンロール』を歌い出す。動きも見事で、やんやの喝采を浴びる。

まるでスターだ。子どもは酒も飲まずにおだつことができる。おとなが失ってしまった素晴らしい能力に感心する。盛り上がって楽しんで完食…そんなことを想像せずにつくってくれた栄養士の先生・調理員さん…ごめんなさい…。いつも宴会をやっていたわけではありません。ほとんどは「レストラン方式」で、常識的だったはずだけど…。

おだつとは、北海道弁でふざける、はしゃぐという意味

97 学校給食でタクハツ？

「先生！タクハツに行ってきてもいいですか？」

高学年になると、早い子どもは第二次性徴期を迎える。人生で一番縦に伸びる時期だ。小学校から中学校の間の2年～3年の間、1年間で10センチくらいずつ身長が伸びる。食べても食べても、すぐお腹が減る時期だ。そういう子どもは、大盛りにしてあげたいところだが、教室に来るご飯などの総量を見ると、それは難しい。全員に少なめに盛り付けて、完食したらおかわりOKにする。さらにおかわり競争予防のための早食い防止が必要だ。

「おかわりしてもいいですか？」と全員に呼びかけて了承をもらうようにすると、ゆったり食べている子どもから、

「ちょっと待って」の声がかかる。だんだんゆったりと食べるようになっていく。

ところが、教室に配膳されたご飯を全て食べ尽くしても、まだまだ食べたい子どもがたくさんいるときがある。そんな時に子どもの口から出てくる言葉。

「先生！タクハツに行ってきてもいいですか？」

「小乗仏教などの国で、修行僧が家庭を回って食べ物をもらってくることがある。そのことを托鉢と言うんだよ」

社会科か何かの時間に『托鉢』の行のことを教えたことがある。そのことを覚えていて、子どもが使ったのだ。低学年の教室をいくつか回って余ったご飯を集めてくると言う。

おもしろいね。

後で低学年の先生にそのことを伝えると、

「どうせ余るんだから、こちらも助かるわ。いつでもどうぞ」と笑って応えてくれた。

それ以来、子どもたちは『托鉢』の行に出て行くことが多かった。

98 高学年女子のおかわり

高学年になると女子もぐんぐん大きくなる。だからたくさん食べたいはずなのだが、乙女心もあり、太りたくないから…という思いからか、おかわりを我慢する子が多い。たくさんおかわりしたい男の子の中から、

「フトルゾー！」

「ダイエット、しなくていいのかなー」などの声がかかる事がある。

そんな時には指導が必要だ。
○女子だって食べたいときにはおかわりをする。
○痩せているモデル体型が美しいとは限らない。
○おかわりのライバルを蹴落とす行いは、正しくない。
文字化すると馬鹿馬鹿しい気もするが、伸びやかな学級づくりには欠かせない価値観の醸成だ。

高学年の女子がどんどんおかわりをする学級は、健全な価値観がはぐくまれている。

さらに最近は、シェフがおいしい給食作りの先頭に立っているところが多い。化学調味料を極力使わない健康食で、味も見事なものだ。日本の学校給食は、世界に誇れるもののようだ。

子どもたちが食を通して健全に成長していくのを見守るのは楽しいことだ。

99

保健室には何をもらいに？

「よく保健室に来る子どもは、何をもらいに来ると思いますか？」

教育大学の模擬面接や、保健の先生の教育実習生にたずねた問いだ。言葉足らずの問いかけなので、ほとんどの学生は考えあぐねていることが多い。

「朝ご飯を食べていない子どもや、いろいろな理由であまり眠れていない子どもが多いですよね…」こちらが言葉をつないでいくことによって、保健室に来る子どもの状況が徐々にわかってくる。

「乱暴な言葉遣いの子どもや、消え入りそうな小さな声しか出せない子ども、けだるそうで何事にもやる気が出ない子ども…いろいろな子どもが保健室にやってきますね」

この辺りから学生の反応が明確になり、言葉として出てくるようになる。

「家庭が問題をかかえ…自分の居場所のない子どもが…保健室にもらいに来るものは…」

この辺りで、学生はこの問いかけの意味するところを理解する。

けがをしたり、風邪で発熱したり、いろいろな子どもが保健室を訪れるが、頻繁に保健室にやってくる子どもたちは、このような子どもたちが多い。

保健室によく来る子どもたちは、愛情を求めている。温かく包まれることを求め、癒やされることを求めている。温かい保健の先生がいる学校は、ギリギリのところで救われている。

すべてを受け入れるわけではない。ワガママや許せない主張には、厳しい態度が必要だ。しかし、基本的なところで温かさやぬくもりが感じられれば、子どもたちは救われる。そんな場面を何度も見てきた。

保健室は、温かな愛情で子どもを救い、学校を救っている場合が多い。

100 優しさと厳しさ

教師の姿勢として…次のように言う教師はたくさんいる。

「子どもに寄り添って教育していく」

「子どもの目線で物事を考えていく」

私もなりたての若い頃は、同じように考えていた。しかし、どこかが違うような違和感を覚え、考えを変えていった。どこがどのように違ったのだろうか?


子どもには、まっすぐ伸びようとする心と、怠けようとするワガママな心とが混在している。仲間のために役立ちたいという利他的な心と、自分だけ得をしたいという利己的な心とが混在している。それなのに『子どもに寄り添う』とか『子どもの目線』などという情緒的な言葉に寄りかかってしまうと、訳がわからなくなってしまう。

子どものワガママにまで寄り添っていいのかな?子どものワガママの目線にあわせていいのかな?子どものワガママに対しては、厳しい態度が必要だ。断固として拒否しなければならないのではないか?

『厳しい教育姿勢』が必要になる。それでは『厳しい教育姿勢』だけでいいのだろうか?


現代の日本は、母性原理が働きすぎていないか?

ジェンダーの時代にあっても、母乳を与えられるのは母親しかいない。力強さを見せられるのは父親の方が多い。母性と父性の違いはあっていいことだと思う。

ところが今は、母性原理の『やさしい』ことが最優先されてしまっている。『環境にやさしい』『お年寄りにやさしい』…情緒的な『やさしい』ばかりでいいのかな？　情緒的な『やさしい』という言葉は疑ってかかりたい。なぜなら、子どもにとっての『やさしい』先生は、子どもの悪事にも叱ることのできない子ども迎合型の可能性があるからだ。

タイプ別に分けて考えてみた。

①『冷たくやさしい』教育姿勢はどうだろう？
サボりたい子どもは、やさしく容認される。学習活動も学級活動も掃除当番も、真面目にやらない子どもばかりになっていく。ワガママが横行する。
『冷たくやさしい』教育姿勢から、学級崩壊が生まれていく。

②『冷たく厳しい』教育姿勢は、どうだろう？
子どもは厳しい指導について行かざるを得ない。そして冷たい視線にさらされる。伸びやかさを失い、厳しい教師について行く追従型になってしまう。『冷たく厳しい』教育姿勢から、専制君主が支配する学級が生まれていく。

③『温かくやさしい』教育姿勢はどうだろう？
ほのぼのとした学級には、なる。温かさはあるが、伸びていく意思が育たない。優しく指導

しても、サボる子どもはなくならない。

『温かくやさしい』教育姿勢からは、学びを追求する意思が育たない。
④『温かくて厳しい』教育姿勢はどうだろう?
子どもの悪事やワガママには厳しい対応が必要になる。悪事やワガママの行いを叱り、人格を否定せずに温かく包み込む教師の姿勢には、子どもを伸ばしていく力がある。利己的な心を否定し、利他的な心を伸ばしていく。温かく厳しい人柄は、厳しさの中に優しさを内包しているものだ。

『温かくて厳しい』教育姿勢から、伸びていこうとする子どもの意思に包まれる学級が生まれていく。


以上、タイプ別に考えてみたがどうだろう?

優しさと厳しさ、一度自分の考えをまとめてみると、教師としての進むべき道が明確になるのではないか。

101
初任は人生の岐路

10年以上前、勤務校が札幌市教育センター主催の初任者研修会場になった。その公開授業の研究協議会、冒頭の挨拶で、私は初任者に伝えた。レジュメを元に再現してみる。

1．脳神経外科の福島孝徳医師

福島医師は現代のブラックジャックと言われている。手塚治虫原作の天才的外科医だ。福島医師は脳の奥にある腫瘍を取り出す技術が世界一と言われている。医者から見放された人を救える唯一の医者だ。神の手を持つ男・ゴッドハンドとも言われている。今はアメリカの病院にいる。福島医師の手術を待っている人が世界中に大勢いて、順番待ちをしている状態。★17

2．皆さんは初任者…学校の先生の初任者

皆さんは初任者なので、脳神経外科の世界で言うと、手術の手伝いすらさせてもらえない存在だ。でも一人前に教室を任されている。保護者はそこが心配だ。でも、大丈夫、情熱と人間性があれば…昔はそうやって保護者や子ども、仲間の教師に育てられた。

実は私もそうやって育てられた。本当にへっぽこだった。

ところが今は、なかなかそうはいかない。その厳しさは、あなた方が一番わかっているはず。それでも、情熱と人間性で現代のブラックジャックと言われる福島医師のようになれるかな？

情熱と人間性だけでは無理だ。


何が必要だろう?

脳神経外科の医者の場合は、病気についての知識と手術の技術だ。

それでは、教師の場合は？

教師の場合は、教育についての知識と指導の技術だ。

福島医師は知識と技術を伝えるべく、優秀な医者を集めて知識と技術の伝承をしている。

3. 今、皆さんは、教師人生の大きな岐路…二股にさしかかっている。
採用されたんだからのんびりいこう、とヤブ医者への道を進むか。現代のブラックジャックを目指して知識と指導の技術を磨くか。ヤブ医者になる道を選んだ人は、自分の力を信じていないので、自分にも見放される。もちろん子どもにも保護者にも教員仲間にも見放されることになる。

知識と指導の技術を磨く人は常に向上していくので、子どもにも信頼され、保護者にも信頼される。

4．知識と指導の技術を磨くには何が必要か？
剣道が上達するには…欠かせないいくつかのものがある。私は学生時代剣道をやっていたので、素振り、足裁き、打ち込み…いろいろあるね。

ピアノが上達するには？華道や茶道も上達するには？

方向性のある修練が必要になる。この教育センターの研修は、そのきっかけに過ぎない。すばらしいきっかけにしてください。札教研事業など…きっかけはたくさんある。

方向性のある修練は自分で見つけていくべきもの。

私は方向性のある修練を続けてきたつもりだけど、たかだかこれくらいのもの。皆さんが方向性のある修練を続けていくことができたら、きっと素晴らしい未来が待っているはず。

札幌市の、日本の、すばらしい人材になってください。

Boys and girls be ambitious! Be Ambitious!!

★17　福島孝徳医師
現在は日本の東京総合病院勤務。年間600人の大手術を行っている。それでも300人待ちだという。まさに神の手を持つ医師。

102

教職と労働時間

サッカー少年団の指導もしていたので、休日も祝日もない。

夏休みや冬休みなど長期の休みには遠征があった。春休みにまで東京に遠征していた。

朝の目覚めで体が重たいとき、まどろみの中で「きっと金曜あたりかな」と思いながら目覚めると月曜だった、ということがたびたびあった。残業代も休日出勤手当ももちろん出ていなかった。

「もし手当が出ていたら、蔵が建つくらいだと思う」

というような話をサッカー少年団の保護者にしていたら、ある子どもの父親からこのようなことを言われた。

「高向先生は無償の愛で私たちに奉仕してくれている。だから私たちは、全面的に支えているんだ。だから、高向先生はお金のことを言うべきでない」

そうだ！お金はあるに越したことはないが、幸いに学校の先生は食うに困ることはない。考えてみれば、金銭感覚に優れた人は、学校の先生などという割に合わない仕事を選ぶことはないだろう。

金銭感覚が鈍い分だけ、何か力を発揮できるのではないか。ひっかき傷でいい。自分の生きた証を残せたらいい、そんなことを考えていた。


しかし、これからの世代のことを考えると、大きな政治課題となってしかるべき問題だ。現状のように残業に対する対価が支払われず、過労死ラインをオーバーしているような労働条件でよいのだろうか。

ＯＥＣＤの初等教育から高等教育の公的支出が国内総生産（ＧＤＰ）に占める割合は、38国中37番目だったことが２０２０年9月に発表された。

「日本の未来を担う子どもたちをしっかり育てていくぞ！」

という政治の気概が伝わらない。サービス残業で日本の未来をつくることには、そろそろ限界が来ていると言わざるを得ない。正当な労働に対する対価は当然支払われるべきで、この問題が解決できれば、若者が教職に希望を持ち、さらには採用試験の倍率が増加していくのではないだろうか。

日本経済が活力を失って久しい。なんだかんだ言われながらも、戦後日本の復興と、経済に大きな活力を作り出した背景には、教育のもたらした力が大きかったのではないか。さらにこれからの日本のあるべき姿を見据えるとき、教師の勤務条件を見直していく作業が絶対条件となってくる。

第10章

教え子たちのその後　宝物

103

「苦しむ女の子」からの手紙

新卒の時から35年、退職の時に『4 苦しむ女の子』のさゆりちゃんから職場に手紙が届いた。

たまたま私のことを知ったようだ。

「あのときの高向先生でしょうか?今、こうして看護師として元気に働いていられるのは高向先生のおかげ……もしそうなら、お目にかかって直接お礼が言いたい……」

私は返信を書いた。

うれしく懐かしい手紙をありがとう!私があなたを忘れるわけがありません。

あなたは、私を教師にしてくれた大切な大切な存在です。あの3年2組で、最初に私を必要としたのがさゆりちゃん、あなたでした。いろいろなことを思い出します…。すぐに家庭訪問してお母さんと話をしたことも…。

あなたは賢く感受性の豊かな子どもだったので、少しだけ他の子どもより苦労をしたのです。

だから、看護師をしているという報告は、うれしくはあっても驚きではありません。すばらしいことです。

感謝の言葉をありがとう。私は、この月末に退職します。

この子が中心になってクラス会を開いてくれたのは、この学級の子どもたちと分かれてから36年後のことだった。連絡を取り合える数人で準備会をつくり、みんなで声をかけてくれた。以前の家を訪ね歩いたりもしたという。

地元、手稲の居酒屋に集まった20名を超える教え子を前にして、私はその迫力に圧倒された。40歳を過ぎて意気盛んな教え子たちに囲まれて、私は幸せだった。中には、夜を徹して函館から車でやってきた女性もいた。

子どもの頃の明るさのまま、みんな元気だった。昔話に花が咲き、今の悩みまで飛び出して、あっという間の宴だった。

104

元気な転校生と気のいい男の子の　その後

「11　元気な転校生でも…」のふっ君と、ともや君の二人の付き合いは現在も続いており、二人でクラス会の幹事をしてくれた。

ふっ君は個人事業主として、電気関係の仕事をしている。気のいいともや君は、親の後を継いで大きくはないけれど会社を切り盛りしている。二人とも鉄北サッカー少年団で頑張っていた。当時学校の近くの歯医者さんが、

「サッカー少年団の練習のない日は、男の子がどっと押し寄せてくる」と言っていたのを伝え聞いたことがある。

「サッカー少年団に入らないと、遊ぶ友達がいないので、友達づくりのために少年団に入った」

こういう子どもがたくさんいた。それほど、大勢の子どもがサッカーに汗を流していた。Jリーグができる前で、サッカーがまだまだマイナースポーツだった頃、こんなにサッカーボールを追いかける子どもたちが大勢いた。

しかも、Bチームでも諦めずに、よくぞ頑張っていたと思う。試合にはそんなに出られなくても、それでも粘り強く取り組む…そういう価値観がしっかり息づいていた時代だった。

このともや君は、西区の山の手高校に進学し、佐藤幹夫先生という素晴らしい指導者との出会いでラグビーを始めた。今や全国に名をとどろかせている山の手高校ラグビー部草創期の2代目だそうだ。

今、OB会の会長として、後輩達の面倒を見ている。

すごいものだよね。そういえばこの子は、九九を覚えるのに苦労していたよな…。私の教え方がまだまだへただったからかな…。

でも、素晴らしい人格が社会に出てから生きているな…。

105

日本沈没

2021年、TBS系列で『日本沈没』が放映され高視聴率を上げた。

小松左京の原作が大きな話題になり、文庫本になった1980年、6年生のさくらちゃんが分厚い文庫本を読んでいた。

「難しそうな本だね。しかも分厚いし、上下巻に分かれているし、面白いの？」

読みふけっているさくらちゃんが顔を上げたときに声をかける。

「やめられないくらいに面白いよ。先生も読んでみるといいわよ」

私にも勧めてくれた。めがねの奥に笑みがある優しい文学少女だった。5年生で担任したとき、

「友達とワイワイ外で遊ぶと、心も広がって元気が出てきてもっと楽しくなるよ」

というような話をした記憶がある。

さくらちゃんは忠実に私の話を聞いてくれて、放課後など男子に交じって大勢で遊ぶ明るい子どもに成長していった。

おとなが読んでもかなり難しい本を、軽く読んでしまうその読解力に敬服した。5・6年生の女子は、おとなに近い成長を見せる子どもが多い。毎朝の作文の中身も、おとなのような複雑な心境が綴られていた。体は大きくなっても心が子どものままの男子と比べると、その差は大きい。心がおとなに近づいていく女子が、元気な男子から遊びの中でもらうエネルギーも重要だ。だから、さくらちゃんが元気に遊ぶようになり、なおかつおとなの本に夢中になってい

る姿が頼もしく嬉しいものだった。

当時の私は、せっかく勧めてくれたのに『日本沈没』を手に取ることもなく、勧めてくれたことを忘れていた。テレビでリメイクされた『日本沈没』を見て、当時のことを思い出して、今更ながら原作を読んでみようと思っている。

この学級の女子は読書家が多かったな…。みんな今ごろ、どうしているだろう…。

106 怪盗ルパン

モーリスルブラン作『怪盗ルパン』シリーズは、どの小学校の図書館にもある名作だ。分厚い単行本で、よほどの読み込む力のある子どもじゃないと挑戦しない本の一つだ。

高学年の女子でこの本に夢中になる子がいる。寸暇を惜しんで、という言葉がピッタリのように読みふけっている。ののはちゃんもそんな中の一人だ。1冊読み終わると、次の1冊に取りかかる。次から次へとシリーズを読み続けて全巻読み終えてしまった。

この学級でも朝の作文を続けていたので、文章がどんどんうまくなっていった。プロの作品を多数読んでいるのだから、表現技法もどんどん身についていく。こちらの指導を超えて上達していくのがわかった。

アニメの声優になるのが夢だったので、教科書の音読も見事なものだった。教科書の行間に、鉛筆で音読の注意事項が書いてある。強くとか弱く、ゆっくりとか素早く、悲しそうにとか喜びにあふれて、などなど…。何度も何度も読み込んでいた。

107 教え子が教員に

「13　毎日の作文①」で、蛍光灯を割ってしまったたかや君は、何でもできる、まさに人気者だった。少年野球のエースで、大学在籍時にプロのスカウトが視察に来たという逸話がある。

大柄のがっちりとした体格で、プロはバッターとしての将来性を考えていたようだ。

「大学の時、１４０キロのスピードボールが、初めは見えなかった。速すぎて見えない。動体視力の訓練を続けると、それが見えるようになる。そして打てるようになる」

子どもの頃野球少年だった私は、憧れと共にそんな話を聞いたことがある。

作文を書いたまさき君は、その後、父親をくも膜下出血で亡くし、母親も病気で亡くしてしまった。家庭訪問で話した父親と母親の明るい表情が思い出される。そして弟と二人で生活し、苦学の末に大学を卒業した。相次いで両親を病気で亡くしても、明るくたくましく生きている。すごい教え子たちだ。

この二人が小学校の先生になったという話を聞いたときは、本当にうれしかった。この二人の他にも、教員になった教え子は多い。

「高向先生のまねばかりしています」こんなことを言ってくれた教え子もいる。きっと今ごろは、私を大きく乗り越えていることだろう。未来は若者がつくっていく。夢や希望を失わず、楽しみながら困難に立ち向かっていって欲しい。

教え子が教員になる。こんなに素晴らしい職業を選んでくれたことに感謝◊

108

夢に向かう

「電車の運転手になりたい」2年3年と担任した、利発なたいち君の夢だった。

「食べるものは何でも好きだけど、冷凍みかんは苦手だな」

最初の自己紹介の私の話を聞いて、

「高向先生は、冷凍みかんが苦手と言っていたけど、きっと大好きだと思う。まんじゅう嫌いの落語と一緒で、後で大喜びして食べるんだよね」と、翌日プレゼントにみかんを持ってきてくれた。

これはうれしかった。冷凍みかんだけは本当に苦手だったけど、みかんは好きだったからだ。それにしても、お母さんもよく許してくれたものだと感心した。粋なことをしたね。お母さんはＰＴＡの学級役員として、学級の活動を支えてくれた。

たいち君も、私が指導するサッカー少年団に入って練習を頑張っていた。当時は学年に30人ほど選手がいたので、レギュラーになって試合に出ることは難しいことだった。レギュラーとして公式戦に出られなくても、頑張り続ける子どもたちが大勢いた時代だった。

6年になり、レギュラーではない子どもたち、Bチームの大会のライオンズカップに出場した。チームワークが素晴らしく、快進撃を続けてついに全市優勝を勝ち取ることができた。お祝いに、選手の家を優勝トロフィーが1泊ずつまわる『おめでとう！優勝トロフィー1泊ツアー』を行った。

「抱いて寝てもいいけど、おねしょはかけないでね」

私の言葉に子どもたちは喜んでいた。その後、トロフィーと一緒の家族写真などを見せてくれたりして、共に家族で優勝を喜ぶ様子が伝わってきた。

『人生にBチームなし』新聞で見た友人の言葉が蘇ってきた。


そのたいち君から、数年後に連絡が入った。

「この4月から、鉄道会社の電車の運転手になります」

子どもの頃の夢を実現したのだ。制服姿の写真も贈られてきた。

すごい、すごい！

子どもの頃の夢を持ち続け、努力し、夢の実現まで到達したのだ。その強い意思を称えた。

20数年後、定山渓の温泉でのんびりと湯につかっているときに声をかけられた。たいち君だった。温泉談義の後、ぽつりぽつりと語り出したこと…

「子どもの頃からの夢だった電車の運転手、とても楽しかったけど、現場を離れて運転指令の仕事に就かないか、と上司から誘われて…、ずいぶん迷ったけど、次のステップに進むことにした…」

淋しそうではあったが、悩んだ後の決断だったようだ。

夢に向かう。

たいち君の場合は夢が叶った。叶わない人もいる。どちらにしても、人生もがいているうちに、その人の使命が見つかる。そんな人は幸せだ。今度の仕事がたいち君の使命ではないか。

その数年後、さらに近況報告があった。今は部下の指導的立場になっているという。使命はさらに広がりを見せ、新たな夢となった。

109

フットサル界の教え子

3・4年と担任し、鉄北サッカー少年団でも指導した教え子に小野寺隆彦君がいる。フットサルのエスポラーダ北海道の監督を長年勤めてきた。今は、日本フットサルリーグの専務理事をしている。

担任してすぐ、休み時間の鬼ごっこで、動きの素早さと、ほとばしるエネルギーに驚いた。私はさっそくサッカー少年団に誘った。本人は野球をやりたかったらしく、かなり迷ったらしい。両親の温かな愛情に包まれて伸びやかに育ち、天真爛漫な頑張り屋だった。

冬の雪遊びで驚いたことがある。雪玉をつくってキャッチボールのように遊んでいた時、山なりの雪玉を受ける仕草から、ぱっと両手をひらいて額で受けた。ヘディングで雪玉を受けて、雪玉が額で砕けるのを喜んでいる。笑顔が天真爛漫そのものだ。私は何度も思いっきり投げた。おとなの投げる雪玉だから、結構な距離があったはずだが、落下地点を予測して見事に額で受けている。体幹が強く、俊敏で、ヘディングが強かった。野球をやっても大成したかもしれない。

小野寺君が6年生の時、鉄北サッカー少年団は全道大会で優勝することができた。個性的な集団を引っ張っていく中心選手の一人として大きく成長していた。

そんな彼が、ヘディングのほとんどない室内サッカー・フットサルの世界に進んで素晴らしい業績を残した。今のサッカー環境があれば、さらに多くの花を咲かせたに違いない。コンサドーレの中学生・高校生の、ジュニアユースやユースをはじめ、選手の成長を促すサッカー環境が今は整いつつある。当時の子どもたちのもどかしさを考えると、残念でならない。

そんな小野寺君から電話があった。

「監督を引退するので、ご招待したい。ついては、引退セレモニーでのビデオメッセージをお願いしたい」

――小野寺君の思い出と活躍は、私の誇り――

というメッセージをつくった。『北海きたえーる』に映し出されたときは、感無量だった。

このように功成り名を遂げて有名になる教え子もいる。しかし、教え子のほとんどは無名だ。人生に挑んで喜びを見つけ、懸命に生きている教え子たちを見ると、私も含めて共に挑んでいる仲間だと思う。

有名・無名を問わず、教え子の存在は、私にとって大きな誇りなのだ。

110 テレビに出ている教え子

担任をしたわけではないが、鉄北サッカー少年団の教え子の中に、チームナックスの戸次重幸君がいる。表情の明るい元気な子どもで、人なつっこい笑顔が印象的な頑張り屋だった。懸命にボールを追いかけている姿が印象に残っている。

私は「シゲ」と呼んでいた。

この年代は、全道大会出場・ライオンズカップ全市優勝と、かなり強いチームになっていた。「シゲ」はそんな中で頑張っていた。

その「シゲ」がテレビに出ているというので驚いた。見てみると面白い。40過ぎて子どものようにはしゃぎ回っている。見ている方がうれしくなるほど徹底していて、見事であっぱれだ。

そのシゲが『おにぎりあたためますか?』で、こんなことを言った。

～山口の旅編でのバスの中、大泉洋さんとのやりとり～

スーツケースを広島のホテルに忘れ、下着の替えのない大泉さんが、普段忘れ物をよくするシゲにこう言う。

大泉：パンツを貸して欲しい。…笑いをさそうための大泉さんの言葉だ。

戸次：買え！

大泉…自分がいやになる。
戸次…自分をいやになるな！自分を嫌いになるな‼
　そういうところを含めて、自分なんだって‼
　そんな自分を愛そう！
　そうでないと、これからの戸次人生、やっていけないぞ！
　オレが最大の、オレの味方でなきゃいけないんだから…。
大泉さんに言っているようだったが、自分に向かって叫んでいる…ように聞こえた。

人はよく間違いをおかす。小さな間違いから大きな間違いまで…。そんな時に、自分が自分の味方になり、自分を愛することができたら、苦しいけれど幸せに向かっていくことができるのではないか。
たかだかパンツから始まったいつもの楽しい会話だったが、「シゲ」の生き方が感じられてうれしかった。振り返ってみると、私の人生にも間違いは多かった。「シゲ」に励まされたようでうれしかった。

《続編》
その後の『おにぎりあたためますか？』で、こんなやりとりがあった。
～美瑛編でのレストランのシェフ・大泉洋さんとの3人のやりとり～
そのシェフは、ＳＳＳ（札幌サッカースクール）の元4代目キャプテンだった。
「当時の真駒内南は強かった…」↑ＳＳＳ元キャプテン
「そう、山吹先生が指導していたからね」↑大泉さん
と続いた後
「…この後、鉄北の快進撃が始まる…オレはその一翼を担っていた…」↑シゲ
私はこの時「そうだ、そうだ」と手をたたいて喜んだ。…本当に快進撃だった。厳しい指導に子どもたちが応えてくれた成果だ。
このビデオは、あの山吹先生にも送って喜んでもらっている。山吹先生は小学校6年生の劇で大泉さんを指導した人だ。実は、山吹先生は真駒内南小でサッカーの指導をしながら札幌選抜の指導もしており、札幌選抜でともに汗を流した友人だ。今では夫婦ぐるみの付き合いをしており、大泉さんのことやシゲのことが話題になる。
教え子の頑張りがテレビを通して伝わってきて嬉しくなる。

111

ありがとう

342／5623341２／125612／5665

この数は受け持った学年の数だ。新卒で3年を受け持ち、4年に持ち上がり、2年を担任して転勤した。このようにして22年間担任をし、400人を超える子どもを受け持った。どの学級にも深い思い出がある。新卒の頃は親のように子どもをかわいがろうと奮闘し、子どもを持つ親となってからは、息子の兄弟のようにかわいがろうと思ってやってきた。そんなことができるわけもないのだが、気概だけはあったようだ。

何せ、寝ている時間以外では、親よりも子どもといる時間が長いのが小学校の先生だ。その影響力は計り知れない。私は、太陽のように明るくありたいと願っていた。はたしてどうだったか。

サッカー少年団の教え子も入れると1000人を超す。札幌選抜でかかわった子どもも入れるとさらに増える。私のかかわりがどのような力になれたのだろう。

「タカムキ先生！」声をかけてくれる教え子の存在がうれしい。

クラス会やサッカー少年団の集まりもある。互いにおとなななのに、時を超えて先生と子どもの関係になったりする。そんな時は、楽しかった〝あの時〟にもどる。温かい想いに包まれる。

みんな懸命に生きている。子育て真っ最中の者や、親の介護を頑張っている教え子もいる。頑張って正しいことをしているつもりでも、人生は間違うことがよくある。

大丈夫！あの浄土真宗の親鸞聖人★18も言っている。

善人なをもて往生をとぐ、いわんや悪人をや
自分のことを善人だと思っている人でさえ極楽にいけるのだから、悪人の自覚がある悔い改めた人が極楽にいけないいわけがない
大いなる救いの言葉だ。

日の当たる場所でなくても、苦しい中でも笑顔で懸命に生きている。

そんな教え子の存在は、私の誇りだ。

私の生きた証だ。

★18　親鸞聖人…鎌倉時代の仏教家。浄土真宗の宗祖。

ありがとう

後書き

同姓の友人・元北洋銀行の頭取、高向巌さんのお力添えがあってこの本はできあがった。

「楽しかったことを書くといいですよ…」

やさしく力強く勧めていただいているうちに、気がつくと結構な分量になり、出版しようということになった。


私を心地よい春風のように誘ってくださった巌さんには、有り難いほどの「ありがとう！」の言葉が心から湧き出てくる。生きた証を文章に残す事を勧めていただいたこと、上手に導いてくださったこと、温かく厳しく励ましてくださったこと、本当にありがとうございました。

さらに、アイワードの中川氏・山本氏のお力で出版の運びとなった。感謝申し上げます。


夢に向かっている人は生き生きとしている。

それは、夢が人生を豊かに輝かせてくれるからだ。

夢を持つと志が生まれる。それをいだき続けていると、はたからは大変そうに見える努力すらも、本人にとってはワクワクドキドキの楽しみに変えてくれる。実現に向かう喜びが、努力や苦労をものともしない活力に変えてくれる。

生きる意味を問い続けてきた私だったが、教職に就いてかわいい子どもたちと楽しく活動しているうちに、夢を持ち志をいだいて奮闘するようになった。

へっぽこ教師から始まった本書は、子どもと笑顔で汗まみれになりつつ、作り上げた足跡だ。できるだけ具体的に伝えようと思って書いた。

本書に登場しなかった教え子が大勢いる。鬼ごっこや雪合戦などで遊んでいる姿が浮かんでくる。グラウンドでのサッカーのシーンもよく思い出す。ともに過ごした時間が温かく蘇ってくる。

さらに、本書に登場しなかった友人もたくさんいる。

ともに少年サッカーで切磋琢磨した友人。第一線を退いた後も、少年サッカーの話題は尽きない。特に小川原訓先生には、「このままでいいよ。素晴らしい」と励ましていただいた。プレー経験のない指導者として悩んでいたときに、いただいたこの言葉は大きな勇気に繋がっていった。山脇栄先生とは、若い頃からのライバルで、ミュンヘン市ウエーバー宅ですごした時間も貴重だった。ウエーバーとの長年の交流で生まれた友情で招待された3度目のミュンヘンだった。少年サッカーで生まれた友情はいいものだ。

ともに学年を組んで刺激をもらった友人。日々の話題がとても力になった。居酒屋で教育の未来を語り合った友人。夜遅くまで語り合ったことも懐かしい。そこからいろいろなアイディアが生まれた。

友とともに喜び、友とともに涙する人生は、豊かで喜びにあふれている。

ありがとう♪

最後に、作業を後押しし、途中で何度か登場してもらい、挿絵まで描いてくれた女房にお礼を述べたい。教育大学での出会いから50年が立ち、二人で作り上げてきた宝をこのような形で残すことができた。

ありがとう♪

本書には夢がいっぱい詰まっている。

小さくても、語りつぐ夢でありたい。

最後までお読みいただいた方々に感謝しつつ結びとする。

２０２３年６月

高向よしのぶ

後書きの後に…

友人二人に、本書の感想を書いてもらった。

「忖度なし」の条件付きでお願いした。


神谷敦さんは「札幌を少年サッカーで日本一に」という私の夢を受け継いでくれた人。同じ学校でも少年サッカーでも、力強く支えてくれた友人だ。日本一は叶わなかったが、全日本少年サッカー大会で2位という輝かしい成績を収めてくれた。

さらに、北海道小学校長会の会長として北海道の教育界に貢献した。

今は札幌サッカー協会副会長として活躍している。


亀田和人さんは、彼が若い頃にともに学年を組んだ。現職の校長先生だ。

よく授業を見せてくれて、手紙で渡す私の辛口の授業批評を、とても喜んでくれた。

ユーモアがあり宴席ではみんなをよく笑わせてくれた。カラオケでは郷ひろみの『2億4千

万の瞳　エキゾチック・ジャパン』を上手に歌って盛り上げてくれた。
その後も研鑽を続けて、若手から慕われる素晴らしい実践家になった。

刊行に寄せて

神谷　敦

高向先生が書かれた今回の本を読ませていただき、共感する部分が多すぎて何度も読み返しました。掲載されている原稿のひとつ一つに、それぞれの立場（若手教員・中堅教員・父親・サッカー指導者・管理職）における強い思いが、感情豊かにそして理路整然と書かれており、共通の道を数多く歩いてきた私にはどれも深く伝わってくる内容ばかりでした。

『ひとり一人の子どもを大切にし、生きる力をもった子どもを育てたい。そのためにどんな力を付けさせていったらよいか』をずっと追い続けていた高向先生の生き方を、文章の中からたくさん読み取ることができました。（種を蒔き苗を育て、水や肥料を丁寧に与えて雑草を取って大きく育てる、まさしく真の教育者としての取組を進めてきた高向先生の生き方です。）さらにたくさんの読書量に裏付けされた新しい考えや取組などは、人や組織を動かす際には大きな役割を果たしていたこともよく分かりました。

私も未熟で頼りないへっぽこな教師でスタートしました。でも素直で優しい子どもたちに助けられ、学校を信頼してくれる大らかな保護者、温かくも厳しい先輩教師に支えられ、少しずつ教師としても人間としても成長させてもらったことは全く同じです。これからの先生方は、これまでとは大きく異なる環境の中で、教育という仕事を進めていくことになります。しかし「働き方改革」「教育DX」などが進んでいく中にあっても、高向先生が大切にしてきた「情で繋がる部分（数値化することができない心の繋がり）」は、これからも学校現場で不易なものとしてしっかりと続いていってほしいと私も強く思っています。

サッカーを通じて学んだことや得たことが、高向先生の教師の幅や人間の深さにも繋がっていることも感じることができました。あれだけサッカーに多くの時間を費やすことができたのは、何といっても家族の多くの協力があり、そして犠牲の上に成り立っていたかを私も痛いほど分かっています。そして、高向家においては奥様の存在はとにかく大きいです。この原稿が本になった最大の功労者は間違いなく奥様ですね。（「夫婦の教育談義」は、読んでいて映像が私の頭の中に浮かぶものばかりでした。）

私たちの周りにはサッカーもやって管理職もやってという人ばかりで、それがごく当たり前に思っていますが、実は一般的には私たちは極々少数派です。一般の先生たちには理解できない集団だったと思います。ひたすらサッカーに情熱を注ぐ夫にとって、優秀で子育ての実践力の高い奥様方の理解と協力があったからこそ、札幌のサッカーの発展があったと、間違いなくいえます。さらに高向家は次の世代に繋がるサッカー指導者を家族の中から輩出した功績も大きいと思います。

高向先生の人柄や人生観、高向家の家族の繋がりなどが、しっかりと刻まれている本ですね。人を育てる仕事は、本当に苦労は多いけれども奥深く楽しい仕事であることを、私自身再認識させていただきました。ありがとうございました。

刊行に寄せて

亀田　和人

高向よしのぶ先生には、日常の指導から授業のつくり方まで、若い頃から教えていただきました。高向先生の温かくも厳しい指導があったからこそ、今の自分があると深く感謝しております。

先生のお言葉で一番心に残っているのは、「人の良い藪医者と、愛想は悪いが腕の良い医者、どちらに診てほしいか」という問いです。自分は後者でありたいと考え、改めて授業力向上に努力していきたいと思ったことが、昨日のことのように思い出されます。

そんな先生がこれまでの教師生活を本にまとめると伺い、これまでいただいた深い繋がりが走馬灯のように頭の中を駆け巡りました。

また、完成前の原稿を拝見するという大役をいただき、恐縮した次第です。

この本には、高向先生の人柄が余すところなく描かれています。

◇愛に満ち溢れている。

子どもへの愛、職業への愛、そして家族への愛…。先生が本当に温かく、愛情豊かな方であることを改めて感じさせていただきました。こんなに愛されている人たちは幸せだなと思うと同時に、自分も近づいて行きたいと思いました。

そんな先生に教えていただいたこと、今現在も教えていただけることに深く感謝いたします。

◇勇気をいただける。

これまで積み重ねてこられた努力の跡が描かれており、「今のままではいけない」という思いに駆られました。また、未だ衰えることのない向上心。退職されても子どもとの授業を楽しめる心の広さと情熱。見習いたくても見習えないことばかりです。

◇若い人にも読んでほしい。

「これでよいのか」という強い信念。そしてそれを支える読書や人との交流、ご家族とのふれあい。羨ましいばかりでなく、そこには必ず教えをいただいているように感じました。「有り難いことなんだよ」「こういうことが大事ではないかい」若い頃のように、語りかけられているような感じです。

学校教育や授業に関しても具体的な指摘があり、「多様な価値観」に振り回されることが多い今こそ、私たちはもちろん、特に若い人たちに読んでもらいたいと強く感じました。

原稿を拝見し、先生の背中を追いながら、私ももうひと頑張りせねばと活力をいただきました。もしかすると、今の自分に活を入れるために、先生はこの大役を私に任せてくださったのかとも思っております。

ありがとうございました。

著者紹介

高向　よしのぶ（たかむき よしのぶ）

1951年、北海道有珠郡壮瞥町生まれ。

北海道教育大学札幌分校卒業後、札幌市立手稲西小学校で教職につき、子どもが幸せになる学級づくり・学校づくりを目指す。

市内の複数の学校で勤務し、最後は札幌市立緑丘小学校の校長として退職。

その間、教職と共にサッカー少年団の指導を続けながら、選抜チーム札幌FC代表として少年サッカーの指導に尽力。さらに、全国各地およびドイツのミュンヘン市にも遠征し交流を深めた。

「学校の夢」へっぽこ教師からの出発

発行日　2023（令和5）年6月30日　初版発行
著　者　高向 よしのぶ
発行所　株式会社　共同文化社
060-0033　札幌市中央区北3条東5丁目
Tel. 011-251-8078（代）
https://www.kyodo-bunkasha.net/
印刷・製本　株式会社アイワード
イラスト　高向 修子